SCRAPBOOKING
pure inspiration

Un grand merci à mes co-auteurs et amies Stéphanie, Pascale et Sandrine de m'avoir intégré à leur équipe. Merci de votre confiance, écoute et soutien tout au long de cette aventure et merci pour votre amitié qui m'est très précieuse. Merci de me faire évoluer et de partager votre talent avec tant de gentillesse et de générosité.

Un merci spécial pour ma « sister scrap » Stéphanie sans qui ce livre ne serait pas là, merci de nous avoir confié ce projet et de l'avoir porté jusqu'au bout.

Un grand merci aussi aux éditions Fleurus ; Guillaume pour sa confiance, son écoute, ses conseils et sa patience et sans qui notre projet serait encore un projet ; Valérie pour tout le travail fourni à notre suite et à tous ceux qui ont contribué à faire de ce livre ce qu'il est aujourd'hui.

Un grand énorme merci tout particulier à ma petite famille, mon mari pour sa patience, son écoute et son soutien sans oublier mes enfants, source d'inspiration quotidienne, qui acceptent mes frasques photographiques et scrapesques.

Merci aussi du fond du cœur à nos partenaires : Scrapdeco, Color Conspiracy, Kési'art, Kars et Stampin'Up.

Je terminerai avec cette pensée rien que pour toi papa, je t'aime.

Virginie

Je dédicace ce livre à tous ceux et celles qui m'ont soutenue au cours de sa réalisation, à ceux qui ont cru en ce projet et qui lui ont donné la possibilité d'exister.

Je remercie mes trois co-auteurs pour leur patience et pour tout le travail qu'elles ont fourni avec tant de talent. Merci pour cette nouvelle et fabuleuse expérience qui a permis de consolider des liens déjà existants.

Merci également à tous ceux qui ont participé matériellement à ce livre, je pense à Geneviève de Scrapdeco, à Maya de Colors Conspiracy, à Késia de Kési'art, à Kars et à Stampin'Up.

Stéphanie

Un grand merci à vous trois : Stéphanie, Sandrine et Virginie… si talentueuses. Je suis fière d'avoir été à vos côtés dans cette nouvelle et belle aventure… avec une mention spéciale pour toi Stéphanie : merci pour tout ce beau travail fourni ! Ce fut un réel plaisir de voir que l'alchimie a superbement bien fonctionné, et que ce formidable esprit d'équipe est resté intact. Une vraie amitié et de purs instants de bonheur…

Merci au groupe Fleurus, et je pense plus particulièrement à Guillaume, qui par sa disponibilité et son écoute, nous a permis – malgré nos souhaits et nos exigences – de réaliser un livre à notre image. Merci pour cela…

Et je n'oublie pas non plus ma famille, que je remercie du fond du cœur, pour sa patience, son écoute et pour m'avoir accompagnée tout au long de ce projet. Merci à vous…

Merci également à Lætitia (Kesi'Art), Vanessa (La Malle à Scrap) et Stampin'Up pour nous avoir permis matériellement de réaliser ces projets…

Tout comme j'ai une pensée particulière pour toutes celles et ceux qui, par leurs petits mots ou leur présence - discrète ou non - me font avancer et réaliser tous ces projets que j'aime partager.

Pascale

Merci au Groupe Fleurus de nous avoir fait confiance et de nous permettre ainsi de partager au fil des pages de ce livre notre passion du scrapbooking avec vous, lecteurs et lectrices.

Merci à mes co-auteurs et amies pour votre confiance, votre soutien et votre écoute mais surtout pour votre amitié. Grâce à vous, les moments de doute s'envolent pour ne laisser place qu'au plaisir de la création.

Merci également à Kars, La Fourmi Créative, Bulle 2 Scrap, Alyssiane, Kési'Art, Imaginascrap, et Stampin'Up pour toutes les merveilles que vous avez eu la gentillesse de nous adresser.

Sandrine

Direction editoriale :
Christophe Savoure
Edition : Guillaume Po
Suivi éditorial : Valérie Monnet
Direction artistique : Laurent Ouellet
Julie Pauwels
Fabrication : Aurélie Lacombe
Photographies : Olivier d'Huissier,
à l'exception des pages du cahier
technique
Mise en pages : Vanessa Paris

© Groupe Fleurus, mars 2009
Dépôt légal : mars 2009
Photogravure : Point 4
Imprimé en Espagne par Graficas
ISBN : 978-2-215-09136-3
1re édition. N° d'édition : P09026

SCRAPBOOKING
pure inspiration

Virginie CARABIN Stéphanie DAGAN
Pascale PENIN, Sandrine VAN KATWIJK

FLEURUS
www.editionsfleurus.com

Sommaire

LES COULEURS
et les motifs

LES MATIÈRES
et les reliefs

LES FORMES
et les découpes

LE TEXTE
et les thèmes

LES EMBELLISSEMENTS

Cahier technique

LES COULEURS
et les motifs

Vous hésitez à choisir ou à associer certaines couleurs ? Au fil des pages, découvrez comment adapter votre gamme de coloris au thème choisi en mariant les tonalités avec harmonie. De la sobriété des tons unis au dynamisme des motifs pétillants, laissez parler vos émotions.

La couleur comme thème

Qu'elles soient vives ou pastel, foncées ou claires, combinées entre elles ou non, les couleurs constituent l'un des éléments essentiels des réalisations de scrapbooking. Mettez-les à profit de façon originale et faites-en le thème principal de votre projet avec ce mini album nuancier présenté en accordéon.

Interviewez vos proches sur leurs préférences en matière de couleurs, faites quelques recherches sur ce thème, réunissez photos et papiers imprimés, puis agencez le tout sur le support de votre choix. Pour offrir votre mini album ou tout simplement pour le conserver précieusement, confectionnez une boîte de rangement haute en couleurs ! (voir Cahier technique, p. 00)

Boîte de rangement
Cardstock : Bazzill • papiers :
My Mind's Eye, Collection « Garden Party » et Cosmo Cricket • étiquettes réalisées avec la décoratrice de Toga • transferts : Toga • polices : Garamond, Impact et Eight Track Program Two.

Boîte de rangement

Fidèle · Séductrice · Authentique · Amoureuse

... Rose ...

Association du rouge et du blanc, couleur de la chair, de la rosée régénératrice et de la séduction, le rose, comme la fleur du même nom, est un symbole d'amour, de pureté et de fidélité.

Fidèle · Séductrice · Authentique · Amoureuse

Épanoui · Intelligent · Énigmatique · Serviable

... Vert ...

Couleur des bourgeons printaniers signalant la fin de l'hiver, il symbolise l'espérance.
Sur le plan psychologique et dans les rêves, le vert, couleur de la vigueur sexuelle, reflète le besoin d'épanouissement, d'estime, de valorisation, de culture et de connaissance.

Épanoui · Intelligent · Énigmatique · Serviable

Réservée · Sensible · Intuitive · Studieuse

..Orange..

L'adultère, la dissimulation et l'hypocrisie sont les symboles de cette couleur.
Dans les rêves, cette tonalité chaude et brillante, emblème de la luxure, exprime un intense **besoin de jouissance et d'expansion**, et reflète un équilibre fragile et la nécessité de contrôler ses impulsions.

Réservée · Sensible · Intuitive · Studieuse

Charmeur · Nonchalant · Émotif · Sensible

.. Rouge ..

Au niveau psychologique, le rouge représente la joie de vivre, l'optimisme, la vigueur, l'instinct combatif et ses tendances agressives, la pulsion sexuelle, le désir amoureux, la passion, le besoin de conquête.

Charmeur · Nonchalant · Émotif · Sensible

Les tons chauds

Cocotte

Les couleurs se divisent en deux gammes : les tons froids (bleus, verts et violets) et les tons chauds (rouges, oranges et jaunes). L'utilisation exclusive de tons chauds (page «Cocotte») apporte chaleur, énergie et luminosité à votre page. En les mélangeant à un ton froid «Urban attitude», vous introduirez une note de fraîcheur dans votre composition.

Attitude

Life
as we know it

Les couleurs complémentaires

Pour donner un impact visuel à vos réalisations, rien n'égale les couleurs complémentaires ! Ici, le contraste entre le bleu et l'orange est atténué par des tons plus neutres de beiges et de bruns.

Des couleurs assorties, reprenant celles de la couverture, parsèment l'intérieur de l'album, créant ainsi un lien harmonieux entre le fond et les photos.

picture day

ton petit SECRET

smart

Coupe de cheveux

new

Clémentine, 4 ans

Mini album accordéon
« Clémentine, 4 ans »
Album accordéon : Bazzill • papiers,
stickers et brads : Making Memories •
polices : Century Gothic, Walkway
Bold, Didot et Edwardian.

Un journaling facile à placer

Gagnez du temps et de la précision en imprimant directement votre texte sur le papier photo. Ajustez-le à la largeur des images et placez-le au-dessous. Dans cette réalisation, le maintien d'un fond blanc apporte de la lumière à l'arrière-plan orange. Choisissez un seul embellissement par page afin de ne pas surcharger le design volontairement épuré et axé sur le journaling.

En ponctuant de temps à autre vos pages d'un texte blanc sur fond coloré, vous offrirez à votre création un éclat de lumière supplémentaire.

Le monochrome, tout un art

L'emploi d'une couleur mono-chrome apportera unité et sobriété à votre composition. Choisissez les papiers et les embellissements de la même tonalité et accentuez au besoin l'effet d'unité par un choix de photos comportant une couleur dominante (page «So very you») ou optez pour la simplicité du noir et blanc (page «Happy»). Pour ajouter du dynamisme à l'ensem-ble, jouez sur les camaïeux des éléments, le résultat n'en sera que plus attrayant !

«So very you»
Papiers : October Afternoon, Basic Grey et Toga • chipboards : Scenic Route • ruban : Strano Designs • bouton : recup' • tag : MOD • transferts : 7 Gypsies • brush : Ali Edwards, téléchargé sur Designer Digitals • police : Avant Garde Book

«Happy»
Papiers : Bazzill, Scenic Route et Toga • chipboards : Heidi Swapp et Scenic Route • ruban : 7 Gypsies • police : Avant Garde Book

Ce qu'il y a d'agreable chez toi ... c'est que tu acceptes toujours de faire la pose ... Et pourtant, je comprends qu'en grandissant, tu en aies de moins en moins envie . Alors, quand je vois ton petit sourire sur cette photographie, je me dis que , finalement, cela te fait plaisir a toi aussi ..

heureux

explore

HAPPY

always

GOOD ENOUGH

24/7

happy heureux happy heureux happy

HAPPY

click click click click click click

La Montagne aux Marmottes
Le Sauze du Lac (*Hautes Alpes*)
Axel Penin
Ete 2007
8 ans

{Luck·y}

(luk e) adj.

1 · having unexpected good fortune
2 · occurring by chance; fortuitous
3 · to know you

silly

L look at me!

TOI&MOI
uneSUPERéquipe

Le rouge

Le rouge est une couleur qu'il est judicieux de manier avec prudence et discrétion. Dominant, il aura tendance à détourner le regard de l'essentiel, à savoir le texte et les photos. Il est préférable de l'associer à des couleurs qui préservent sa vivacité (page « Comique ») ou de l'adoucir à l'aide d'une couleur tendre sur fond blanc (page « Toi & Moi »).

« Comique »

Papiers : Scenic Route et Making Memories • stickers : Making Memories et Autumn Leaves • stickers alphabet : American Crafts • polices : Century Gothic et Edwardian.

« Toi & Moi »

Papiers : Jenni Bowlin • sticker « Lucky » et grommet : Making Memories • sticker « Look at me » : Pebbles Inc • tag maker rims : Making Memories • police : Century Gothic.

Osez le noir

Le noir possède mille vertus. Opposé à du blanc, il donnera un côté chic et sobre à vos créations. Associé à des couleurs plus claires, il s'adoucira. Utilisé avec parcimonie, il rehaussera les tons pastel et en guise de fond de page, il recentrera le regard sur les photos en noir et blanc. Alors, laissez-vous tenter et osez le noir !

Carte « Juste pour toi »
Papier et tag maker rims : Making Memories • ruban : mercerie.

« Beautiful »
Papier embossé blanc : Doodlebug • papier à motifs : SEI • fleur en feutrine : Making Memories • brad : American Crafts • stickers : EK Success • brush texte : Anna Aspnes.

« Mounette »
Papiers, stickers, photo anchor : Making Memories • alphabet chipboard : Heidi Swapp • polices : Didot et Fling.

Juste pour toi

Beautiful

Une photo qui résume à merveille tous ces moments que vous partagez avec votre Mounette, une grand-mère si attentive et à l'écoute de vos moindre petits besoins, toujours prête pour une partie de cartes, de puzzle, de memories. J'ai bien du mal à écrire grand-mère car c'est une femme tellement dynamique, c'est en quelque sorte une grand-mère nouvelle génération débordante d'énergie, avec un agenda surbooké! Normal avec 8 petits enfants comment ne pas l'être! C'est une page pour elle et pour ces moments qu'elle vous consacre avec tellement de dévouement, une page pour que vous ne les oubliez pas.

mounette

adored

home (hom) n.
1 · a place where one lives; a residence
2 · an environment offering security and happiness
3 · where you are always welcomed and loved

Parce qu'avec toi, on se sent comme chez soi

Photos du 22/01/2007

Dream

Créez la surprise

Changez les habitudes! Pourquoi ne pas utiliser du rose et des paillettes sur une page consacrée à un garçon ? Il suffira d'ajouter quelques élèments en métal et des tons un peu plus soutenus pour retrouver une touche masculine. Le choix de papiers à motifs délicats et l'association du rouge à des tons bleus apaisants (page «Dream») ont permis de préserver toute la douceur propre à l'enfance.

« Together »
Papiers : Making Memories • alphabet en mousse : American Crafts • clip : Making Memories • tags : Making Memories et Peeble inc • transfert : Kasler • chainette : Magic scrap • police : GeoSansLight.

« Dream »
Papiers : Kasler • brads et fleurs : Making Memories • tag : Heidi Grace.

Les cartons unis

Adaptez votre gamme de couleurs au thème choisi! Page de droite, la douceur côtoie le dynamisme de l'orange, reflétant ainsi le caractère tendre, mais espiègle, de Logan. À l'opposé, « Le roi des blagues » s'entoure de tonalités fortes, adoucies par quelques touches de blanc.

Faites des essais de couleurs en jouant avec vos chutes de papier et découvrez de jolies combinaisons que vous organiserez ensuite dans votre notebook. Pourquoi ne pas vous aider d'une roue des couleurs qui vous proposera en un tour de main une parfaite harmonie de tonalités ? Les références indiquées vous permettront en plus de gagner du temps lors de vos achats.

« Le roi des blagues »
Papier : Ki Memories •
stickers : American Crafts •
strass : La Droguerie •
polices : Futura BK
et Lane Narrow.

Toto, pourquoi as-tu posé un verre d'eau plein et un vide sur ta table de nuit ?

Parce que des fois j'ai soif, et des fois je n'ai pas soif !

fun

Le roi des blagues

Passer des heures à jouer • se régaler de bonbons • voir et revoir les mêmes dvd • dévaler les pentes avec le kart chanter à tue tête • compter les voitures en mentionnant leur couleur • hurler « je rigooooole » dès que tu dis une bêtise foire un gâteau rien que pour lécher le chocolat • aller au parc faire des tonnes de câlins • mettre tout seul ses chaussures tout ça et bien d'autres choses encore c'est le petit monde de

Logan

123 4 567 890

«Le petit monde de Logan »
fleur en feutrine : American
Crafts • brad et transfert :
7 Gypsies • polices :
Lane Narrow et Impact

Les motifs

Depuis les classiques à rayures, à pois ou à fleurs jusqu'aux modèles récents plus baroques, romantiques ou conçus pour s'accorder avec un thème particulier, le choix des papiers imprimés est vaste! Amusez-vous à associer leurs couleurs et motifs pour un résultat subtil ou totalement explosif. Veillez toutefois à ne pas trop alourdir la page avec le design et laisser ainsi leur place aux éléments qui la composent.

Marchand de sable

«Marchand de sable»
Papiers : SEI • alphabet stickers : Making Memories • tampon et encre : Autumn Leaves • perforatrice bordure : Matha Stewart.

« Summer »
Papiers : SEI • brad : American Crafts •
colorboard : Making Memories •
transfert : American Crafts • ruban :
mercerie • chipboard : Scenic Route •
stickers : SEI.

    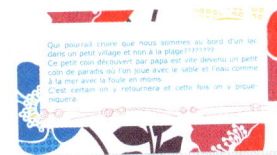 

Explosion de couleurs

Mini album « Bons de faveurs »
Mini-album : 7 Gypsies • papiers :
Making Memories, Ki Memories,
American Crafts et Basic Grey •
chipboard : American Crafts • perle :
La Droguerie • ruban : Carolee's •
étiquette digitale : Jennifer Pebbles •
polices : Futura Light, Allegro, Lane
Narrow, Arial, Martin Vogel's
Symbols et Pressy Fat Boys.

« Mi-figue, mi-raisin »
Papiers : Scenic Route, Making
Memories et Ki Memories • stickers :
7 Gypsies • polices : Lane Narrow
et Susie's Hand.

Vous hésitez à associer des couleurs à des motifs pétillants ? Lancez-vous dans la réalisation d'un mini album pour vos enfants ! Inspirés des bons points de notre enfance, ces « bons de faveurs » se découpent de leur support et se donnent à chaque bonne action. L'enfant constituera ainsi son propre album en les reliant au fur et à mesure à l'aide d'un anneau.

Une bande de papier aux rayures multicolores est idéale pour créer un lien entre les différentes couleurs. En jouxtant des pois, elle apportera du dynamisme à votre composition. Et pour mettre l'accent sur votre journaling, choisissez du papier blanc ou de couleur claire qui n'alourdira pas l'ensemble.

Partagé entre la joie de vivre plus proche de tes cousins et la peine de quitter tes copains, l'annonce de notre déménagement t'as laissé :

mi figue mi raisin

family photojournalist

SPECIAL INSTRUCTIONS   No.

THIS BELONGS TO

Les papiers à thème

Parmi la multitude de papiers à motifs, il existe des collections conçues pour des événements particuliers (anniversaire, Noël, naissance...) ou qui proposent des thèmes spécifiques (sport, école, nature...). Trouver le papier qui correspondra en tous points à votre projet devient un jeu d'enfant !

Ce papier d'inspiration nature s'adapte parfaitement aux photos prises dans le jardin. Le texte court et le design, volontairement simple et identique sur chaque page, permettent de privilégier les photos ; Celles-ci ont été retravaillées au format carré pour apporter plus d'unité à la composition.

Mini album « Dans le jardin »
Mini album : Making Memories • papiers : October Afternoon et Making Memories • sticker et ruban : Ki Memories • police : Baskerville Old Face.

Un après-midi d'été, dans le jardin
de Mamirène, il y a tout de choses
à faire. Par exemple, tu peux ...

Faire de la balançoire ...

Attendre son tour au Twister ...

Prendre la pose comme une star ...

Écouter des histoires drôles ...

Et parfois, la meilleure des choses
à faire dans le jardin de Mamirène
c'est tout simplement ne rien faire !

Adoptez les kits

Les papiers imprimés offrent un éventail si vaste de couleurs et de motifs qu'il est parfois laborieux de dénicher des tonalités identiques. Pour y remédier, il existe une solution à portée de main : les kits coordonnés ! Très pratiques, ils vous éviteront le temps passé à la recherche de papiers assortis et proposent la plupart du temps un choix d'embellissements en prime. Vous pourrez ainsi créer plus d'un projet à l'exemple de « Girly Girl » et de « Beauté ».

« Beauté » et « Girly Girl »
Papiers, transferts et die-cuts : mini kit « Magnolia » de My Mind's Eye • polices : GeoSansLight et Times New Roman.

GIRLY GIRL

Girl·y [gúrlee] : est un terme d'argot désignant une fille ou une femme qui souhaite s'habiller et se comporter dans un style typiquement féminin, comme le port de robes florales, de blouses et de jupes , mais aussi entretenir des relations et autres activités en rapport avec la gente féminine.

LES MATIÈRES
et les reliefs

L'art du scrapbooking ne se limitant pas à l'assemblage de papiers, jouez avec les matières et les reliefs pour sublimer vos créations. Laissez-vous guider et découvrez comment offrir une nouvelle dimension à vos projets en utilisant du tissu, de la feutrine, du métal, du plastique ou de la mousse…

La récupération

L'utilisation de matériaux de récupération est un bon moyen de personnaliser vos pages de scrap à moindre coût. Mettez de côté les emballages, le carton, le plastique et les divers matériaux qui pourront vous servir, sans oublier les dessins de vos enfants que vous pourrez intégrer à vos pages pour conserver le souvenir de leur âge tendre.

La page « Extrême limite », par exemple, a été réalisée avec des cartons d'emballages provenant de différents fabricants : fonds de planches d'alphabets, emballages de tampons encreurs... Alors ne jetez plus, mais recyclez !

Extrême limite

« Extrême limite »
Papiers : récup', Making Memories et Autumn Leaves • brad : Around the block • tampon : Kesi'Art • encre : Autumn Leaves et Stazon • ghost form : Heidi Swapp.

Finger's Art

experience

imagine

Create

inspire

Un petit doigt, une goutte d'encre et beaucoup d'imagination, tel est le secret pour qu'une empreinte devienne une sorcière, un lapin, une araignée ou encore un lion. Une jolie activité pour une après-midi tout en créativité.

oiseau

Create

inspire

hibou

lapin

sorciere

oiseau

« Finger's Art »
Papiers : Autumn Leaves •
brad et ruban : American
Crafts • tampon : Making
Memories • encre :
Colorbox • police :
GeosansLight et Tusj.

Matières brutes

Offrez de la matière et du relief à vos projets en jouant simplement avec les textures des différents papiers embossés, striés, lignés, duveteux, etc.

Ne vous limitez pas aux cardstocks. Vous trouverez parmi les objets qui vous entourent des matières tout à fait appropriées pour réaliser un fond de page original en accord avec le sujet que vous souhaitez aborder. Ici, du carton d'emballage brut se prête à merveille au thème du déménagement !

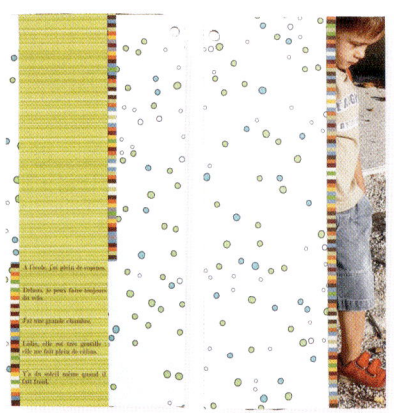

« New home »
Papiers : Making Memories,
Ki Memories et SEI • stickers :
American Crafts • ruban : Basic
Grey • chipboard : American
Crafts • police : Arial

« Espoir »
Papiers : Making Memories et Ki Memories • stickers :
Ki Memories et 7 Gypsies • fleur en papier : Making
Memories • brad : 7 Gypsies • transfert : Basic Grey •
alphabet chipboard : Heidi Swapp • police : Baskerville
Old Face et Book Regular.

ESPOIR

HAPPY HOME

Ce n'est pas le premier. Plutôt le 7ème ou peut-être même le 8ème. La décision s'est prise rapidement et tout doit être à présent emballé dans un temps très court. Nous déménageons. Nous allons changer de maison, de ville, de région. Nous allons vendre l'appartement. Celui où nos enfants ont grandi, où nous avons connu tant de bonheur mais aussi les difficultés qui nous conduisent aujourd'hui à faire ce choix. Dans quelques temps, nous aurons un nouveau chez-nous, une nouvelle vie, de nouveaux amis... Avec tout l'espoir et l'exaltation que cela procure.

28 mai 2008

Un brin de transparence

Axel sous toutes les coutures

Déjà imprimés ou décorés par vos soins, les transparents peuvent s'employer de bien des façons. Le plus simple est de les utiliser en guise de fond de page et de couverture, à l'exemple de ce mini album. Ici, tous les transparents sont découpés au même format et un cardstock légèrement plus petit est collé sur chacun d'eux à l'aide d'adhésif. Pour un résultat impeccable et des adhésifs insoupçonnables, veillez à bien faire coïncider vos cardstocks. Un design simple, quelques décorations, de jolis papiers et le tour est joué!

DOUX

Définition : Qui n'est pas brusque, pas violent. Calme, sage , tranquille, serein.

«Axel sous toutes les coutures»

Papiers : Colors Conspiracy et ScrapMode • anneaux :
Toga • chipboard : Scenic Route • rubans et alphabet en
mousse : American Crafts • chaînette fleur en métal :
Making Memories • breloque casquette : récup' • polices :
BodinSmall, Carpenter ICG, Shelley Script Volante, Sans
mono et Sylfaen.

De la profondeur

Les transparents créent des jeux de matières captivants. Utilisés sans fond, ils donneront de la profondeur et de la douceur à l'ensemble de votre composition. Page de droite, un overlay (transparent imprimé à motifs) orne délicatement le fond tout en rehaussant le rose. En téléchargeant des brushs commercialisés sur les sites de scrap digital, vous pouvez imprimer vous-même des overlays sur des transparents prévus à cet effet, en évitant toutefois le Rhodoïd.

Renforcez l'effet de profondeur en ajoutant des transferts, des stickers ou des œillets sur vos transparents ou apportez-leur de la matière grâce à une note de couture (page «Wonderful summer»).

« You are my star »
Papiers : Colors Conspiracy •
Rhodoid : papeterie • brads : Making Memories • polices : Onyx et GeosansLight.

« Wonderful summer »
Papiers et overlay : Color Conspiracy •
alphabet en mousse et tag métal : American Crafts • transfert : Creative Cafe • colorboard stickers : Making Memories • polices : Century Gothic et Arial black.

CELEBRATE THE LITTLE THINGS **adventure**

explore
inspire
delight

signes avant coureurs
de vacances

Un grand ciel bleu, un soleil généreux, un jardin aux couleurs qui invitent à la bonne humeur, des découvertes gourmandes. Nous sommes à la veille des vacances et nous savourons déjà le temps d'un après-midi ces petits signes qui nous font revivre.

wonderful

summer

Le plastique esthétique

En s'harmonisant avec toutes les autres matières, le plastique trouvera aisément sa place sur chacune de vos pages en leur apportant volume et délicatesse. Misez sur la transparence et les formes grâce aux die-cuts déjà encollés ou tentez les superpositions pour un titre tout en audace (pochette CD)... N'hésitez pas à associer différentes matières pour accentuer les contrastes.

Pensez également à détourner les embellissements de leur fonction initiale. Sur la page « Are you a model », le journaling dissimulé derrière le papier imprimé devient visible si l'on tire sur le cadre transparent !

Pochette CD
Papiers : Ki Memories, Doodlebug, Making Memories et Creative Cafe • stickers : Ki Memories, 7 Gypsies et American Crafts • bouton en plastique et chipboard : Making Memories.

« Are you a model ? »
Papiers : American Crafts, SEI et Ki Memories • chipboard : Scenic Route • brad : Bazzill • stickers : Ki Memories, 7 Gypsies et Making Memories • fleur : Petaloo • die-cuts : Making Memories et Scenic Route • clip : Making Memories.

0123456789

are you a model?

love

Tout en relief

Parce
qu'un cadeau
ordinaire peut
devenir

extraordinaire

accompagné
de quelques mots
écrits avec le coeur

Élus à l'unanimité «chouchous» des scrappeuses, les stickers se parent de mille matières et couleurs pour offrir la touche de relief indispensable à chacun de vos projets. Adoptez-les et vous ne pourrez plus vous en passer, que ce soit pour concevoir vos titres, journalings, chiffres, mots, motifs, etc.

Ce mini album contient des étiquettes à offrir en toutes circonstances. Il suffit de les détacher de leur support, d'y inscrire quelques mots au verso et de les agrémenter de rubans.

« Friends »

Papiers : Doodlebug, American Crafts, Creative Cafe et Ki Memories • stickers : Ki Memories, American Crafts, Ek Succes et 7 Gypsies • chipboards : Scenic Route et Heidi Swapp • alphabet en plastique : Heidi Swapp • pince en métal : Making Memories • digital accent : Jennifer Pebbles • brads : Bazzill, American Crafts, 7 Gypsies et Making Memories • bubble transparent : Ki Memories • tampon : 7 Gypsies • transferts : American Crafts et K & Company • fleurs en papier : Making Memories • machine à stickers : Xyron • polices : Arial, CK Ali's writing, Dirty Ego, Adler, Courtney Dorkling, Impact, CBX-Soda Pop, CK Mix-N-Match, Artistamp Medium, Grouser, Modern n° 20, Elise, Chemistry.

Friends

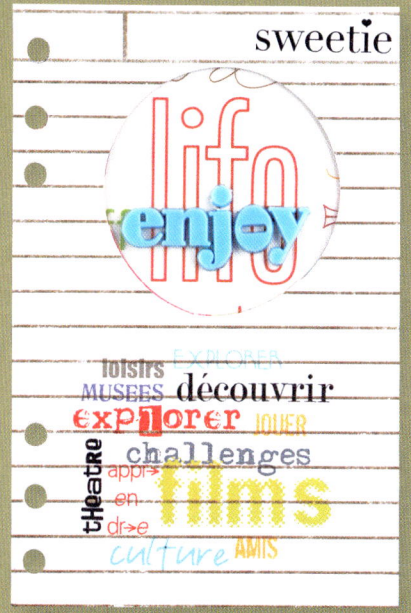

« Inspiration book »
Album : 7 Gypsies • papiers : Making
Memories • die-cut et grommet :
Making Memories • brads : American
Crafts • ruban : mercerie • polices :
Century Gothic et Will & Grace.

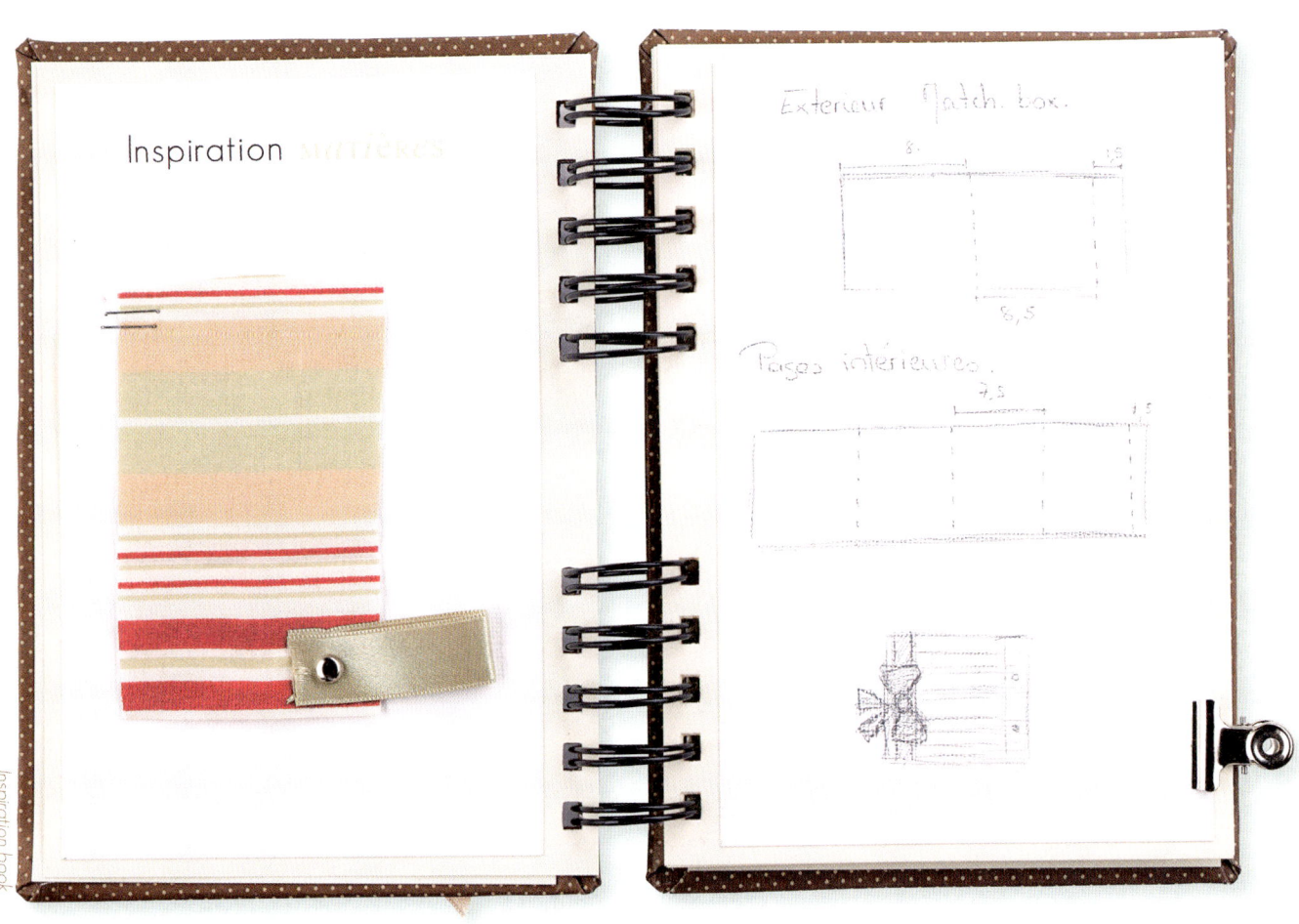

Carnet utile

Ce carnet gardera précieusement vos secrets de création en affichant une couverture aussi sensuelle que féminine. Un vrai petit trésor regorgeant d'astuces, d'essais de matières et de couleurs, que vous prendrez plaisir à feuilleter une fois vos projets terminés.

Chaque double page, où se mêlent croquis, échantillons et petits objets, reprend un thème et son processus créatif à la manière d'un book de décorateur.

L'élégance des rubans

Unis, bicolores, à pois, en coton, lin, organza ou gros-grain, parfois imprimés de texte, les rubans apportent une note d'élégance à tous vos projets.

Vous pouvez les utiliser comme de simples bandes de papiers ou en guise d'embellissement principal (page « Entre copines »). Pour personnaliser votre titre ou réaliser des « étiquettes-mots », imprimez le texte de votre choix sur des petites bandes de sergé à la façon de la page « I love you » (voir Carnet technique, p. 148).

« I love you »
Papiers et rubans : Creative Imaginations • transferts : 7 Gypsies • étiquettes réalisées avec la décoratrice de Toga • police : GeosansLight.

« Entre copines »
Papiers : Basic Grey et My Mind's Eye • rubans : Strano Designs et EK Success • breloque de sac à main » : récup' • tag transparent : EK Success • polices : Fling et Trebuchet.

Quel plaisir que de partager ses vacances avec une copine ! faut l'avouer, c'est beaucoup moins ennuyeux que d'être obligée de suivre les parents .. En plus, on peut papoter jusque très tard le soir, critiquer les potins des magazines "people", se raconter des petits secrets, trouver l'accessoire "mode" de l'été enfin bref ... parler de trucs de filles car c'est bien vrai, y a rien de mieux que d'être .....

Entre copines

Vive le tissu !

Très tendance, le tissu s'invite à l'envi sur les pages de scrap parmi un large choix de couleurs, de matières et de graphismes qui autorisent toutes les audaces. Utilisez-le comme fond (page « Capucine ») ou par petites touches suivant l'exemple ci-contre.

Pensez à récupérer les étiquettes des vêtements d'enfants aux petits noms très coquets !

« Clean, fresh, soft »
Papiers et sheer tags : Making Memories • forme en feutrine : Fancy Pants • ruban : mercerie • transfert : American Crafts • étiquettes : récup'.

« Capucine »
Papiers : Making Memories • brads et gems : Creative Cafe • tampon : Basic Grey • encre : Stazon • stickers et alphabet stickers : Making memories • perforatrice : Martha Steward • ficelle et tissus : mercerie • étiquettes : récup' • police : GeosansLight.

Clean, fresh, soft

20 octobre 2007, c'est ton premier anniversaire et je dois dire que trouver un cadeau ne fut pas chose facile.

Et oui, tu es la dernière d'une fratrie de 4 alors autant dire que question jouets tu es gâtée.

Cependant, je ne pouvais pas concevoir un anniversaire sans cadeau si petit soit-il!!!!

Finalement, le cadeau idéal, c'est toi qui le trouvera lors de notre petite quête et au détour d'un rayon. C'est devant cette jolie poupée de chiffon que tu t'es arrêtée, tu t'es mise à la cajoler alors j'ai craqué.

Capucine est alors devenue le cadeau parfait pour un jour bien particulier.

Capucine

génération doudou

Quand la broderie s'en mêle

La toile à broder est une matière originale que vous prendrez plaisir à inclure sur vos pages de scrapbooking. Généralement faite de lin, matière naturelle et brute par excellence, elle apporte une nuance d'authenticité à votre projet.

Vous pouvez la colorer vous-même à l'aide d'ingrédients naturels (baies de sureau, thé, café, safran, curry...) ou de teintures artificielles à l'exemple des différents tons de bleu obtenus ici. Pour y imprimer le titre de votre page («Look at me!») ou votre journaling (page «The Fam»), reportez-vous aux explications du Cahier technique, p. 148.

« Look at me! »
Papiers : Luxe Designs, My Mind's Eye, Prima et Scenic Route • tampon « specimen » : Kesi'Art • polices texte : American Type Condensed et Geosanslight • polices : Carpenter ICG, Lainie Day Sh et Porn Star Academy

Astuces

Votre toile ne s'effilochera pas si vous la surfilez au préalable. Et pour accentuer l'aspect brut et authentique de votre page, utilisez des étiquettes textiles récupérées de-ci de-là.

Rares sont effectivement les photographies où vous êtes tous les trois réunis. Alors, dès que l'occasion se présente (à savoir, un cadre agréable , une météo parfaite et une certaine prédisposition de votre part à poser devant l'objectif) , je n'hésite pas une seconde à sortir l'appareil photo pour immortaliser ce doux moment partagé en famille ...

Jardin public à Turin - 21 Juillet 2007

love \lúv\ vb 1 a : to hold dear : CHERISH   love \lúv\ vb 1 a : to hold dear : CHERISH

THE FAM

YOU DON'T CHOOSE YOUR *Family* THEY ARE GOD'S GIFT TO YOU, AS YOU ARE TO THEM.

TO LOVE AND BE LOVED IS TO FEEL THE SUN FROM BOTH SIDES.
— DAVID VISCOTT

« The Fam »
Papiers : Basic Grey et My Mind' Eye • clé, ruban « Love » et stickers « Family »
7 Gypsies • citation : Brush Anna Aspnes pour Designer Digitals • transferts
et étiquettes : Toga • polices : Garamond et TypoUpright BT.

De la feutrine en fond de page

Des chutes de feutrine feront d'excellents supports de pages. Une ligne de couture permettra de bien les fixer tout en ajoutant un élément graphique à l'ensemble. Vous pourrez également y coudre des éléments en papier à l'exemple de la photo page de droite.

Pour contraster avec le fond feutré, des embellissements en métal ou des paillettes feront merveille...

Carte « Joyeux anniversaire »

Papier, fleur chipboard et stickers : Making Memories • strass : Doodlebug • chipboard oiseau : American Crafts • glitter blanc : Doodlebug • feutrine : mercerie • police : Didot.

Carte « Joyeux anniversaire »

«E & O»
Papier : Sassafrass Lass • sticker :
American Crafts • ruban : Strano
Design • chipboard : Lil Davis • glitter
jaune : Doodlebug • épingle et
feutrine : mercerie • polices : Didot
et Edwardian.

Relookez vos vieux chipboards à motifs !
Commencez par décoller la couche supérieure de papier à motifs.
Choisissez un glitter, puis peignez le chipboard du même ton. Laissez
sécher la peinture, encollez et saupoudrez de glitter.

E & O

À l'abri

Confectionnez une ravissante pochette en feutrine pour protéger votre mini album. Il suffit de découper deux rectangles de feutrine souple et de les coudre à la machine au point zigzag ou classique. N'oubliez pas de coudre l'étiquette avant d'assembler les rectangles !

Mini album « Elsa »
Papiers : Jenny Bowlin • boutons et rubans : Basic Grey • papillon : Jenny Bowlin • stickers : 7 Gypsies • brads cœurs : récup' • œillets : We R Memory Keepers • chaînette : Magic Scrap • police : Didot.

Elsa
le 22 décembre 2007

Choisissez la simplicité!
Pour la mise en page de ce mini album, toutes les photos ont été imprimées au même format, créant ainsi un lien d'une page à l'autre, sans design répétitif.
Vous bloquez sur le journaling ? Notez des mots-clés et accompagnez-les de leur définition!

Mini album « Elsa »

LES FORMES
et les découpes

Vous souhaitez apporter une touche d'originalité à vos créations ? Sortez vos outils de découpe! Formes insolites, bordures fantaisie, fleurs ou papillons en relief, lettres et chiffres vont envahir vos pages et mini albums pour le plaisir des yeux. Et pourquoi ne pas en profiter pour vous lancer dans la réalisation de cartes, de pochettes ou de boîtes ?

«Remember»
Papiers : Treehouse Memories • stickers : Making
Memories et Pebbles Inc. • photo anchor :
7 Gypsies • police : GeosansLight.

Jeu de cercles

Des jeux de cercles permettront d'adoucir la structure rectiligne de vos réalisations, surtout si celles-ci sont mises en page suivant une technique proche de la mosaïque : le color blocking. Plusieurs possibilités vous sont offertes : une photo découpée en rond mettra en valeur un détail, un journaling mis en page dans un cercle apportera une touche d'originalité et enfin, l'ajout d'éléments arrondis tels des boutons accentuera le jeu des formes. Pour une touche de volume, collez quelques cercles sur des adhésifs en mousse.

« Grosse colère »
Papiers : Scenic Route • sticker : 7 Gypsies • lettres paillettes et brad : Making Memories • boutons : Autumn Leaves • tampons : Kési'art • encre : VersaMagic • polices : Century Gothic, Onyx et Didot.

Le cercle façon feston

« Vraiment trop craquant »
Papiers : Crate Paper collection
« Brunch » • boutons : récup' •
perforatrice « Feston » : Stampin'Up ! •
polices : Amer Type MD BT. Impact et
Traditional Arabic.

« En mouvement »
Papiers : Crate Paper, collection
« Brunch » • tampon « Good Times »,
« It's a Good Life » : October
Afternoon • transferts : Scrap'Mode •
polices : Book Antiqua. Century
Gothic et Fishsoup.

En se différenciant des formes habituelles, le cercle festonné – seul ou combiné au cercle classique – apporte une touche inédite et dynamique à votre composition. Alternez différentes tailles pour créer des frises décoratives (page « Vraiment trop craquant ») ou disposez-les de façon éparse comme de simples éléments décoratifs (page « En mouvement »).

toujours **en mouvement**

It's a Good Life

100% GARS

Good Times

100% GARS

CERTIFIE CASSE-COU PAR EXCELLENCE

Il n'y a pas un instant, pas une minute où tu ne restes en place ... surtout lorsque tu n'es pas vraiment occupé . Tu as énormément de mal à rester sagement assis ... et pourtant, c'est bien loin de ton apparence apparemment "tranquille" . Il faut sans cesse que tu remues, que tu bouges, que tu coures, voire ... que tu sautes et parfois, ce n'est pas évident à gérer ... surtout lorsque nous sommes à table ou , comme à ton habitude, juste avant de te coucher ...

Ville Close , Concarneau - 15 Août 2008

Ciseaux ou cutter ?

Avec un brin de patience, la découpe de lettres ou de chiffres est bien plus facile qu'il n'y paraît. Que vous préfériez les ciseaux ou le cutter, il existe des astuces qui vous faciliteront le travail.

Pour un titre tout en discrétion, découpez la partie basse de vos lettres ou de vos chiffres dans une couleur qui se fond à celle de votre page («Summer 2008»). Une autre technique, plus rapide, consiste à les découper dans des stickers en jouant le ton sur ton (page «Playboy Attitude»).

«Summer 2008»
Papiers : K & Company et SEI • sticker : American Crafts • polices : Susie's Hand. Impact et Arial.

«Playboy Attitude»
Papiers : 7 Gypsies et Ki Memories • stickers : Doodlebug, Making Memories et Ki Memories • transfert : American Crafts • police : Calisto.

Faire du vélo malgré un soleil de plomb
Construire une cabane dans un arbre
Faire des parties de Twister interminables
Déjeuner sur le pouce
Enchaîner les concours de plongeons
Partager le goûter entre cousins
Aller le plus haut possible sur la balançoire
Lire une BD à l'ombre du figuier

2008

Un programme super cool pour des vacances réussies

Summer 2008

sweetie

h

Petit air de Playboy avec tes yeux charmeurs et ton sourire en coin. Généralement, il est plutôt destiné à faire craquer Mamie et ainsi obtenir ce que tu veux mais aujourd'hui, c'est à moi que tu le réserves.

star player

Découpe de lettres

Impossible de trouver un sticker de la taille et de la couleur souhaitées ? Pour un titre assez court, découpez-le vous-même ! Commencez par imprimer les lettres sur une feuille simple que vous collerez sur du papier cartonné de type Bazzill. Il vous suffit ensuite de découper soigneusement le contour de chaque lettre à l'aide d'un cutter.

Plus vos lettres (ou vos chiffres) seront de grande taille et plus il sera aisé de les découper. Sur cette page, le chiffre 4 a été imprimé en taille 800 dans la police Trajan Pro, puis cousu à la machine pour lui donner de la matière.

« 4 ans »
Papiers : Chattterbox • sticker : Creative Imagination • fleurs et mini tag : Making Memories • bouton : Autumn Leaves • brads : Doodlebug • polices : Didot et Trajan Pro.

Les lettres rouges de « Cueillette » ont été réalisées à l'aide d'une police facile à découper (l'Impact) car suffisamment droite et grasse. Elles ont ensuite été collées sur des adhésifs en mousse pour un effet de relief. En clin d'œil au titre, les fleurs découpées dans une chute de papier à motifs sont également fixées sur de la mousse.

25 juin 2008 : nous découvrons dans le jardin un groseillé couvert de fruits bien rouges et il ne vous faudra pas très longtemps pour trouver de quoi pouvoir recueillir cette jolie récolte. C'est avec un sourire jusqu'aux oreilles que vous revenez chacun le t-shirt rempli de fruits rouges. "maman regarde tout ce qu'on a cueilli!". Un joli souvenir de cette première cueillette que le t-shirt blanc n'est pas prêt d'oublier.

ENJOY [TODAY] AND CELEBRATE EVERY *tomorrow.*

Cueillette *gourmande*

Cueillette gourmande

« Cueillette gourmande » Papiers : Making Memories et October Afternoon • sticker : Creative Imaginations • œillet : We R Memory Keepers • polices : Didot, Edwardian et Impact.

Depuis que tu as 20 mois, tu veux manger comme un grand et tenir ta cuillère tout seul. Le seul problème, c'est que non seulement tu veux manger tout seul, ça c'est tout à fait acceptable, mais c'est que tu veux le faire sans serviette, et là maman est pas d'accord du tout. Et tu te montres très obstiné comme à ton habitude, petite canaille !

100% Tête de cochon

Les bordures

Utilisez vos perforatrices à bordure et vos ciseaux cranteurs pour créer vos propres bordures fantaisie et animer les compositions. Sur la page « My Baby Doll », la bordure présentée sous forme de bandes a été réalisée à l'aide de deux perforatrices aux motifs différents : des petites fentes permettant de passer un ruban jouxtent des festons qui délimitent le bas de la composition. Les deux bandes ont ensuite été assemblées et cousues au point zigzag.

Sur la page « Tout seul », la bordure devient encadrement. Un carré de Bazzil blanc a été cousu sur un brun légèrement plus grand dont les bords ont ensuite été découpés aux ciseaux cranteurs.

« My Baby Doll »
Papiers, stickers et fleurs : Making Memories • perle : Autumn Leaves • chipboard lettre C : Basic Grey • ruban : mercerie • polices : Didot et Jail Bird

« Tout seul »
Papiers : Making Memories et Scenic Route • alphabet stickers et chipboard cochon : American Crafts • photo anchor : 7 Gypsies • tag maker rims : Making Memories • polices : Century Gothic et Onyx

Le baroque... Un style d'époque !

En scrapbooking, papiers, couleurs, motifs, embellissements et formes suivent les tendances au même titre que l'univers de la mode. La forme baroque, qui en est un exemple, apportera fantaisie et originalité à vos créations. Elle sera idéale pour combler un espace vide (page « Aide canoéiste ») ou servira de support à votre journaling en misant sur le raffinement (page « Just Inspiring Art »).

« Aide canoéiste »
Papiers : Basic Grey, Jenny Bowlin et My Mind's Eye • stickers : 7 Gypsies, K & Company et Making Memories • ruban : 7 Gypsies • polices : Amer Type MD BT, Impact, Carpenter ICG, Fling et GeosansLight.

« Just Inspiring Art »
Papiers : Making Memories et Collage Press • stickers : Making Memories • transferts : 7 Gypsies et Basic Grey • alphabet chipboard : Heidi Swapp • polices : Lainie Day Sh, Fling et GeosansLight.

{ Aide Canoéiste }

C'est sûr, tu recommenceras ...

Quelle te va bien cette petite tenue du parfait canoë-kayakiste ! C'est à l'occasion de nos vacances dans le Périgord que tu as , pour la première fois , goûté aux joies du canoë . D'abord réticent (eh oui, tu as , avouons-le, plutôt peur de l'eau) tu as finalement bien apprécié cette balade sur la Dordogne, et adoré nous aider à diriger notre petite embarcation. En véritable aide-canoéiste, tu nous a été d'une grande utilité .. surtout lorsque j'ai mis de côté ma pagaie .. pour prendre quelques clichés ...

EXCURSION (EKS·KUR´·ZHEN) 1. A SHORT JOURNEY SPECIFICALLY FOR PLEASURE 2. JAUNT

\ n, pl ba·bies 1 a : an extremely young child: INFANT   ba·by \'bébé\ n, pl ba·bies : an

roadtrip
DISCOVER
SO BIG!
A life unexamined is not worth living.

Axel

Just Inspiring

truly inspired

Art

LUCKY ME

precious

BEYOND EASURE

friend

Tu aimes poser,
tu aimes être
photographiée
alors quelle chance
j'ai .. car pour faire
du scrap, c'est juste
parfait !

Merci d'être mon
modèle,
mon inspiration ...
Y a pas de doute, tu es si jolie ... que mes pages ... le sont aussi . Merci encore
pour l'inspiration ...

Ophélie - 14 ans (Février 2008)

Esprit déco

Les papiers imprimés, cardstocks et mini albums se déclinent en une grande variété de formes et de formats, repoussant toujours les limites de la créativité.

Vous pouvez concevoir des étiquettes «bagages» à partir des pages d'un mini album qu'il suffira de recouvrir de papiers imprimés ou réaliser un ravissant marque-page suivant le gabarit d'un coin photo. Dans ce dernier exemple, les contours ont été cousus après y avoir inséré un ruban qui servira de repère une fois le livre fermé.

Étiquettes « bagages »
et marque-page
Papiers, rubans, alphabet canvas
tampon, brad et étiquettes : Making
Memories.

« Inspiration déco »
Papiers : Making Memories
et Sassafrass Lass • rubans : La
Droguerie • fleurs, brads, épingle
et clip en métal : Making Memories •
chipboard : American Crafts • sticker :
K & Company • tabs en tissus :
Scrapworks • police : Edwardian Script

STYLISH

Rien de tel que de se plonger

dans un magazine de décoration

pour trouver un peu d'inspiration.

harmony

Présentés à la façon d'un pêle-mêle consacré au thème de la décoration, ces papiers aux découpes baroques se superposent savamment, mêlant bordures ciselées et motifs déco.

sur un air de printemps

26 avril 2008, c'est notre premier
vrai beau week end de printemps
alors on en profite.
Les petites robes et les tongs sont
de sorties.
C'est aussi ce week end que tu
découvres les joies du jardin.
Il ne te faut pas grand chose :
un pot, de l'herbe et tes petites
mains pour en arracher de pleines
poignées.
C'est avec application et deux
heures durant que cette activité
t'occupera.

Sous toutes les formes

« Love is... »
Papiers : Little Yellow Bicycle • paper frill : Doodlebug • clip : Making Memories • brush : Rhonna Farrer • polices : GeosansLight et Two Peas Oh Baby.

« Sur un air de printemps »
Papiers : KI Memories • brush : Rhonna Farrer • police : GeosansLight.

En variant la forme des découpes, laissez la créativité envahir vos pages. Ici, une frise de fleurs fait office de bordure et un cercle évidé relie les éléments de la composition.

Page de gauche, les découpes ont été réalisées à l'aide d'un gabarit d'embellissement. Les papillons ainsi obtenus sont fixés à la page par une simple couture centrale, puis pliés en deux pour un effet de volume (voir les gabarits dans le Cahier technique, p. 156).

Le découpage facile

Que ce soit à la main, à l'aide de perforatrices à motifs ou avec des outils spécialement conçus à cet effet, les découpes de papier se réalisent de bien des façons.

La « décoratrice » de la marque Toga, par exemple, contient de nombreuses D'cos (formes de découpes) qui permettent de découper sans effort n'importe quel matériau fin ou peu épais. Les motifs proposés sont variés : chiffres, alphabets (page « Canoë »), mais aussi étiquettes, arabesques, signes de ponctuation, couronnes, bonhommes, cœurs, etc. (page « Pause tendresse »). Ces D'cos s'adapteront à tous vos projets de carterie ou de scrapbooking !

« Pause tendresse »
Papiers : Cosmo Cricket et Cherry Arte • tag métal : « 100 % tendresse » de Toga • ruban : Junkitz • outil de découpe : la décoratrice et D'cos diverses de Toga • polices : Amer Type MD BT, Garamond, TypoUpright BT et Narkisim.

petite pause tendresse

Malgré les apparences - comme on peut le conter sur ces photographies -, et ton "entêtement" à vouloir jouer les "durs", tu es un véritable sentimental et un tendre .. Je sais que tu apprécies, tout comme moi, ces petits moments câlins, faits de tendresse et de douceur ... même si, la plupart du temps, tu ne le montres pas vraiment ....

Sashat - 3 Août 2008

première descente en
canoë

C'est décidé ! Nous descendrons la Dordogne en canoë ... C'est sur une suggestion d'Ophélie et de Pauline que nous décidons de programmer une journée sportive et détente dans notre programme vacances ! Quelle chance, le soleil et la chaleur sont au rendez-vous. Malgré un démarrage plutôt sceptique, c'est après quelques coups de pagaie bien rythmées que nous avons réussi à diriger sereinement notre petite embarcation ... c'était sans compter l'aide précieuse d'Axel, venu de nous aider dans les moments difficiles !

GET HAPPY: LUCKY

1- Axel, aide-canoëiste   2- Notre embarcation, au point photo du parcours Cénac-Beynac   3- Ophélie et Pauline en difficulté, départ chaotique 4- Arrêt photo au pied du château de Castelnaud - Mercredi 6 Août 2008

« Canoë »
Papiers : Cosmo Cricket et Cherry Arte • outil de découpe :
la décoratrice de Toga • alphabet « Arthur » : Toga • polices :
Carpenter ICG, Fling et GeosansLight.

Le cadre sous toutes les coutures

Carte et puzzles
Papier : Making Memories et KI
Memories • bouton, brads, ruban
et cadre : Making Memories • fleurs :
Making Memories et Heidi Swapp •
alphabets . American Crafts
et Making Memories • tampons :
Making Memories et Basic Grey •
encre : Versamark • chipboard
et softies : KI Memories.

Carte et puzzles

Petit, grand, rond, carré, ovale, en métal ou transparent…
Il se décline de toutes les façons pour valoriser vos photos
tout en apportant une touche originale à vos créations.
Un petit cadre en métal mettra l'accent sur une déco ou
ajoutera simplement de la matière à votre page.
Vous pouvez également l'utiliser tel quel, à l'exemple de
ces puzzles aimantés, ou en guise de lien entre les différents éléments de la page.

« Love »
Papiers : Making memories • curling
tag et cadre : Making Memories •
chipboard : Maya Road • police :
GeosansLight.

Pas facile de toujours se comprendre
et pourtant, je t'aime plus que tout.

Maman

love

Love

Allégez vos pages

Aussi irrésistibles soient-ils, les papiers aux motifs abondants sont souvent difficiles à utiliser. Voici deux exemples qui vous permettront de succomber à leur charme tout en respectant le style «clean & simple».

Tout d'abord, ayez la main légère et utilisez-les avec parcimonie! Découpez simplement quelques motifs et créez un embellissement en les superposant sur des carrés de mousse pour leur donner du relief (panneau «Messages Lidie»).

Panneau «Messages Lidie»
Papiers : Doodlebug, Sassafrass Lass, SEI et Making Memories • chipboard forme baroque : Basic Grey • ruban : May Arts • stickers : American Crafts et 7 Gypsies • pochette en plastique : Avery.

Panneau «Message Lidie»

Pour mettre en valeur un motif plus important, utilisez des papiers aux tons unis ou du cardstock (page « Logan ») en optant pour un design épuré. Ici, la juxtaposition de bandes de papier aux couleurs coordonnées apporte de la profondeur à l'ensemble et l'effet rectiligne de la composition est rompu par une police aux contours arrondis incluant une photo présentée dans un cercle. Retravaillée en noir et blanc, cette dernière contraste à merveille avec les papiers colorés.

« Logan »
Papier : Basic Grey • police : Impact.

Logan

Pliages en fête

Préservez l'aspect ludique d'un goûter d'anniversaire en choisissant des couleurs acidulées. Osez un pliage en forme de bonbon pour une jolie boîte à friandises tout à fait appropriée à ce thème festif (voir gabarit p. 156).

Bonbon

Bonbon et carte anniversaire
Papiers : American Crafts • brads,
ruban et transfert : American Crafts •
ghost forme : Heidi Swapp.

Quand bonbon rime avec invitation...

Une carte sur laquelle un bonbon s'est méta-
morphosé en tête à couettes ? Voilà une façon
bien inattendue d'inviter ses camarades à un
goûter d'anniversaire!

Carte d'anniversaire

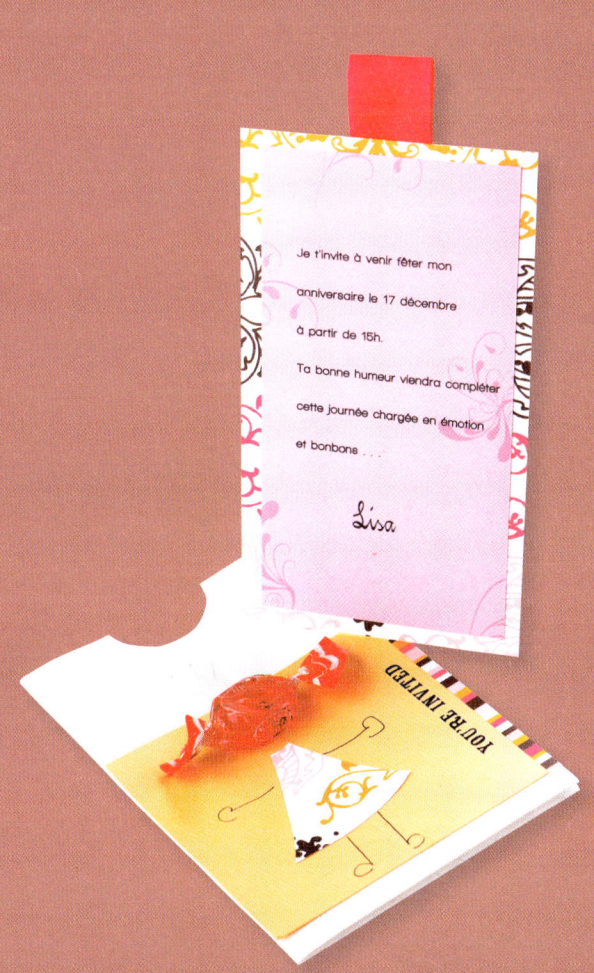

Je t'invite à venir fêter mon

anniversaire le 17 décembre

à partir de 15h.

Ta bonne humeur viendra compléter

cette journée chargée en émotion

et bonbons . . .

Lisa

LES EMBELLISSEMENTS

Misez sur la touche finale avec des embellissements qui feront toute la différence. Entre les tampons, stickers, transferts, boutons, brads, etc., le choix ne manque pas! En touche discrète ou en élément principal, ils n'ont pas d'égal pour guider le regard et parfaire l'ensemble de votre page.

Impressions au tampon

Qu'ils soient en acrylique, en caoutchouc, montés ou non, les tampons agrémentent joliment pages et photos. Utilisez-les par petites touches en guise d'embellissements, à l'exemple de « J'ai craqué » où ils ornent une partie vacante de la composition, ou bien pour inscrire un titre, un sous-titre et même un journaling si vous êtes à court d'idées pour le rédiger.

Et pourquoi ne pas créer votre propre papier imprimé comme sur la page « Inner thoughts » ? Pour faciliter le travail et gagner du temps, utilisez à cet effet un grand tampon comportant des motifs géométriques larges ou du texte.

Inner thoughts

« *Inner thoughts* »
Cardstock et papiers : Stampin'Up ! •
tampons : Stampin'Up ! et Kési'Art •
polices : Carpenter ICG, Lainie Day
Sh et Sylfaen.

« *J'ai craqué* »
Cardstock, papiers, stickers
et tampons : Stampin'Up ! • polices :
Bookman Old Style et Effloresce.

J'ai craqué !

pour cette nouvelle activité ....

curiosity

creativity

imagination

Parce que j'aime ces jolis tampons , j'aime ces beaux papiers , j'aime animer des ateliers et faire des rencontres , mais aussi et surtout pour tout ce côté "convivialité" !

Franchement, je n'ai pas hésité longtemps . Alors, si vous avez un peu de temps et que vous êtes passionnées, je vous invité à essayer !

message
important!
RÉPONSE SOUHAITÉE

ORIGINAL

J'ai craqué

Le tampon, un jeu d'enfant

Le tampon fait un retour en force en scrapbooking. Facile à utiliser, rapide et ludique, il deviendra vite la star de vos pages. Grâce aux multiples couleurs proposées par les encres, il s'accorde à coup sûr à votre gamme de coloris. Pour le mettre en évidence, il suffit de le détourer ou de l'appliquer directement sur vos photos et embellissements de type chipboards.

Vous trouverez toutes sortes de tampons dans les magasins spécialisés. Ceux destinés aux enfants proposent des thèmes animaliers faciles à inscrire dans une page, tels ces motifs de dinosaures.

« Princesse »
Papiers : Creative Cafe • brad :
Creative Cafe et Making Memories •
chipboard : American Crafts •
tampons : Stampin'Up! et Making
Memories • encre : Stazon.

« Dinosaures »
Papiers : Basic Grey • brad : American Crafts • alphabet stickers : Basic Grey • pebble stickers : Creative Cafe • tag maker rim : Making Memories • encre : Autumn Leaves • polices : Geosanslight et tampons pour enfant.

Le tampon dans tous ses états

L'époque où estampage rimait avec barbouillage est révolue! Avec les tampons actuels, le résultat est garanti, sans taches sur les mains...

Chaque instant devient un prétexte pour te prendre en photo.

Mini album « Chaque instant »
Papiers : SEI, Doodlebug, Scenic Route, Sassafrass Lass, American Crafts et Making Memories • tampons : 7 Gypsies, Toga, Creative Cafe, Kési Art, Basic Grey, Purple Onion et Making Memories • stickers : 7 Gypsies et Ki Memories • forme en mousse : American Crafts • brads : Bazzill, Making Memories et Gaïa • ruban : SEI.

Présentées sous forme de fiches dans un coffret ouvert sur les côtés, les pages de cet album s'ouvrent en éventail pour révéler vos photos préférées. Un design aérien repris sur chaque page apporte son unité à l'ensemble. Le journaling a laissé place à des motifs réalisés à l'aide de différents tampons (encreurs, avec support en mousse ou en caoutchouc, transparents…) agrémentés d'embellissements qui permettent à la créativité de s'épanouir en toute liberté.

Le tampon répétition

Pour énumérer les «petites leçons de vie», un tampon est appliqué sur chaque page en guise de titre, mettant ainsi en évidence le thème de manière simple et efficace sans encombrer la page. Quelques embellissements viennent compléter la déco et le journaling directement imprimé sur la photo laisse la part belle aux visuels.

Leçon n°4

afficher la *couleur*

Mini album « Petites leçons de vie »
Papiers : Making Memories, KI Memories, Daisy Bucket, Paper Salon, 3 Bugs in a Rug et Dream Street Paper • brad : Making Memories, Basic Grey et American Crafts • gems fleurs : Maya Road • fleurs : Prima et Making Memories • boutons : WR Memories Keepers et My Mind's Eyes • tampon : Kési'Art • encre : Colorbox • transfert : American Crafts • polices : GeosansLight et Will & Grace.

Leçon n°.**1**

se trouver un *LOISIR*

Leçon n°.**2**

exprimer son *OPINION*

Leçon n°.**3**

vider les *POUBELLES*

Leçon n°.**5**

réorganiser l'*espace*

Leçon n°.**6**

ranger *PROPREMENT*

Leçon n°.**7**

avoir son propre *STYLE*

Mini album « *Petites leçons de vie* »

93

De la brillance

« My Girl »

Papiers · Making Memories • brads : Making Memories et American Crafts • fleurs vertes : Prima Marketing • fleurs brillantes : Making Memories • transferts : Creative Imaginations • bouton : Basic Grey • ruban : mercerie.

« Cousines »

Papiers, glitter, die-cut et fleurs : Making Memories • brad : American Crafts • alphabet chipboard : Heidi Swapp • glitter blanc : Doodlebug • police : Garamond.

My Girl

Offrez une seconde vie à vos chipboards! Appliquez un voile de colle en bombe sur l'ensemble de leur surface, saupoudrez de glitter, puis secouez pour retirer l'excédent. Si vous hésitez à vous lancer, sachez qu'il existe dans le commerce des stickers ou chipboards déjà recouverts de glitter. Pour accentuer l'effet de brillance de votre page, l'ajout de brads ou de strass en métal sera du plus bel effet !

day
dreaming

COUSINES

Les vacances d'été permettent de réunir toute la famille et de découvrir les derniers petits enfants nés durant l'année. Et cette année, c'est Carmen qui est choyée dans les bras de sa grande cousine. Deux cousines réunies sur ces photos, la plus âgée et la plus jeune réunies. Maïlys 11 ans et Carmen 3 mois, certainement l'avant dernière de cette belle série de petits enfants.

Le transfert

Le transfert, aussi appelé rub-on, est un élément indispensable à la panoplie de scrappeuse. Simple d'emploi, il offre un grand choix de motifs, couleurs ou alphabets que vous positionne-rez au gré de vos envies. Utilisez-le comme titre, journa-ling (page « Fall ») ou même décor (page « Love you »).

« Fall »
Papiers : My Mind's Eye • transfert : Creative Cafe • bouton : Making Memories • accent : WR Memories Keepers • strass : Creative Imaginations • forme en feutrine : Fancy Pants • ruban : Basic Grey.

« Love You »
Papiers : My Mind's Eye • brad, boutons et tag maker rim : Making Memories • transfert : Narrative.

Les boutons en toute liberté

Ces embellissements unis ou à motifs, de couleur ou transparents, agrémentent joliment vos créations et sont aussi agréables à utiliser qu'à regarder. Qu'ils soient en plastique, en papier ou en carton, ils ponctuent vos pages en suggérant chaque fois un univers différent.

En petite quantité ils apporteront une note d'élégance à la page (« Tes 1001 facettes »), alors qu'en plus grand nombre (page « This photo ») ils viendront orner une photo en lui donnant intensité et mouvement.

Tes 1001 facettes

« Tes 1001 facettes »
Papiers : October Afternoon •
boutons : récup' • polices : À la nage,
Amer Type MD BT, Clarendon,
Garamond, TypoUpright BT
et Sans mono.

« This Photo »
Papiers : October Afternoon • boutons chipboard :
Imagination Project • polices : Haettenschweiler,
Carpenter ICG et GeosansLight.

THIS PHOTO ...

Une photo à conserver précieusement et à chérir ..... Eh oui, rares sont les photographies où nous sommes toutes les deux. Quelle bonne idée tu as eu là de vouloir faire la pose ensemble ! Alors, le temps d'un petit réglage, quelques essais et ajustements pour une prise en main confortable, tu as réussi, en quelques clics, à faire cette jolie photo de nous deux ... et quelle photo !!! Merci Ophélie .....

Saint-Genou 28 juin 2008

Précieuses enveloppes

Véritables petits écrins, les enveloppes accueilleront vos journalings intimes, documents précieux, photos et dessins d'enfants en laissant un vent de fantaisie souffler sur vos pages. Embellissez-les selon vos envies en laissant libre cours à votre imagination.

Pour les confectionner vous-même, reportez-vous aux gabarits proposés dans le Cahier technique, p. 158.

« Petshop world »
Papiers : Scenic Route et SEI • sticker fleur : SEI • sticker « wonder » : Making Memories • boutons : Autumn Leaves et Making Memories • alphabet plastique : Heidi Swapp • tampons : Stampin'Up! • transferts : Chatterbox • ruban : mercerie • polices : Didot et Bickham.

Petshop world

Petit souvenir d'un sourire qui annonce le passage à un nouveau visage, celui d'un petit garçon qui grandit bien vite.

ORIGINAL

-2 dents

Te voici avec un nouveau sourire pour l'été; tes deux petites dents du haut se sont décidées à tomber en même temps à deux jours d'intervalle. Ce nouveau sourire te donne un air si attendrissant et me rappelle que tu es encore un tout petit garçon. Et ce qui te rend encore plus adorable, c'est ce petit sifflement et zozotement que tu as en parlant. Et même si tu es loin d'aimer ce nouveau sourire que tu n'avais pas du tout envie de voir en photo, il faut avouer que tu restes encore irrésistible.

« - 2 dents »
Papiers : October Afternoon et Making Memories • tampons : Stampin'Up ! • boutons : Autumn Leaves • brads étoile et argent : Making Memories • œillets : We R Memory Keepers • polices : Impact, Century Gothic et Didot Italic.

Les stickers... une solution !

Les stickers sont très pratiques. De formes variées, colorés ou transparents, la plupart du temps présentés par thèmes appropriés aux pages de scrap, ils se collent aussi facilement qu'ils se décollent, offrant ainsi une large voie à la créativité !

Fixez-les les uns au-dessus des autres (page « My boy & Hero ») pour créer une bordure décorative ou utilisez-les en guise de texte pour gagner du temps, à l'exemple de la page « Adventure ».

My Boy & Hero
Papiers : Cosmo Cricket, Casino Cricket, BK Success et Togo • stickers : 7 Gypsies, K&Company et Making Memories • chipboard : Heidi Swapp • ruban : 7 Gypsies • police : Times New Roman.

Adventure
Papiers : Bazzill, BK Success et Togo • stickers : Making Memories.

JOURNEY (jur´·ne) 1. traveling from one place to another

DISCOVER (DI·SKUV´·ER) 1. TO BE THE FIRST TO FIND

DISCOVER

travels (trav´·els) 1. to go someplace other than one's place of residence 2. stay away from home for a period of time 3. to experience different places for business or for pleasure

[ad·ven´·ture]
an unusual, exciting, often romantic experience

DISCOVER (DI·SKUV´·ER) 1. TO BE THE FIRST TO FIND

2. TO LEARN OF THE EXISTENCE OF

expedition (eks´·pe·dish´·en) 1. a voyage or journey for the purpose of exploration or battle 2. trek facing unforeseeable circumstances

EXCURSION

L'éclat du métal

À consommer sans modération ou à introduire par petites touches discrètes (page « Mauvais cap »), le métal argenté s'unit à tous les coloris pour donner la touche d'éclat indispensable à vos réalisations.

« *Mauvais cap* »
Papiers : SEI • grommet en métal : Making Memories • œillets : We R Memory Keepers • chaînette : Magic Scrap • polices : Century Gothic et Onyx.

« *Viens maman !* »
Papiers : SEI et Scenic Route • stickers : Pebbles Inc. • tag maker rims : Making Memories • œillets : We R Memory Keepers • polices : Oklahoma et Century Gothic.

Mauvais cap

Viens maman!

Découverte de la nouvelle balançoire et du toboggan géant. Un tobboggan suffisamment impressionnant pour que tu me tires par la main et que tu me dises sans cesse : viens maman, viens ! Face aux pleurs, je finis par céder et j'obtiens un joli sourire plein d'excitation.

Rubans et brads : l'accord parfait

Mini album « Remember when »
Papiers : Doodlebug, Stampin'Up!
et October Afternoon • mini album
chipboard : Maya Road • ruban :
American Crafts • sticker : Ki
Memories • clip : Making Memories
• transfert : Basic Grey.

Agenda « Everyday Things »
Papiers : K & Company • ruban :
La Droguerie • brad : Making
Memories • sticker : Imagination
Project.

Mini album « Remember when »

Agenda « Everyday Things »

En apportant raffinement et douceur à vos projets, l'association rubans et brads est tout simplement parfaite !
De couleurs tendres ou vives, imprimés ou unis, parés de satin ou gros-grains, les rubans aux multiples fonctions se prêtent à toutes les situations. En simple décoration de pages ou de cartes, ils se nouent de mille façons et savent se montrer ingénieux pour cacher un anneau avec grâce ou maintenir un agenda fermé avec leurs complices les brads. La plupart des fabricants proposant des gammes assorties aux collections de papiers, c'est le sans faute assuré !

Les attaches

Porte photo « I adore You »
Papiers : 7 Gypsies et Ki Memories •
photo flips, chipboard et porte-
étiquette : Making Memories •
sticker : 7 Gypsies • épingle : Heidi
Grace • ruban : La Droguerie.

Aussi discrètes soient-elles, ne négligez pas leur importance! Les attaches savent s'habiller de toutes les fantaisies et rivaliser d'ingéniosité
pour devenir de véritables embellissements. Des photos flips, par exemple, seront tout à fait adaptés à la réalisation d'un porte-photos.

Imaginez, inventez et détournez les attaches de leur fonction initiale.
Une simple épingle fermera une enveloppe cadeau («I adore You») ou
se parera d'un ruban façon couture (étiquette «Love», page de droite),
alors qu'une agrafe dissimulée sous un ruban noué maintiendra un por-
te-étiquettes.

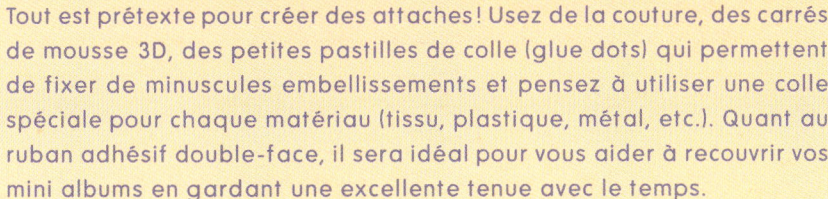

Tout est prétexte pour créer des attaches! Usez de la couture, des carrés de mousse 3D, des petites pastilles de colle (glue dots) qui permettent de fixer de minuscules embellissements et pensez à utiliser une colle spéciale pour chaque matériau (tissu, plastique, métal, etc.). Quant au ruban adhésif double-face, il sera idéal pour vous aider à recouvrir vos mini albums en gardant une excellente tenue avec le temps.

Fouillez dans votre nécessaire à couture : du Velcro vous permettra de fermer une boîte et une chute de ruban de satin se nouera gracieusement autour d'une étiquette. Ouvrez vos tiroirs de bureau et laissez agrafes, trombones et clips venir agrémenter vos pages... À moins que vous ne préfériez méta-morphoser un simple œillet en embellissement (étiquette « K ») ?

« Etiquettes Cadeaux »
Papiers : American Crafts, Ki Memories, Basic Grey, SEI et Making Memories • fleur en papier : Doodlebug • tranferts : American Crafts et Basic Grey • alphabet chipboard, grommet et tag : Making Memories • épingle : Heidi Grace • stickers : Ki Memories • brads : Gaïa et Doodlebug • rubans : May Arts et La Droguerie • polices : CK Ali's Writing et Futura Light.

« Etiquettes Cadeaux »

LE TEXTE
et les thèmes

Parce que le texte est le gardien idéal des souvenirs, commentez vos photos en vous lançant dans le journaling ! Qu'il soit court ou long, narratif ou non, il sera votre partenaire tout au long de ce chapitre. Apprenez à le placer judicieusement et mettez-le en valeur pour raconter vos plus belles histoires.

Impact sur le journaling !

Raconter une histoire, son histoire, c'est l'essence même du scrapbooking. Texte ou simple phrase, relatant un événement ou une anecdote qui vous sont chers, le journaling est le reflet de vos émotions et mérite d'être mis en valeur.

Sur la page « Good times », le journaling est imprimé sur un papier ton sur ton, puis rehaussé par des carrés de mousse 3D. Souligné par un ruban dont les couleurs ont inspiré celles de la page, l'effet est renforcé par une bordure de transferts.

« Good times »
Coin photo, ruban et brads : Making Memories • transferts : Basic Grey et SEI • police : MT Condensed.

Laissez libre cours à vos émotions… Il est fréquent qu'en découvrant une photo, une phrase vous vienne spontanément à l'esprit. Si elle est brève, mettez-la sobrement en valeur à l'exemple de cette page qui laisse place au «white space».

Ton sourire te va si bien

« *Ton sourire te va si bien* »
Papiers : Doodlebug et SEI • brads : Making Memories et Bazzill • police : Lane Narrow.

ballerina

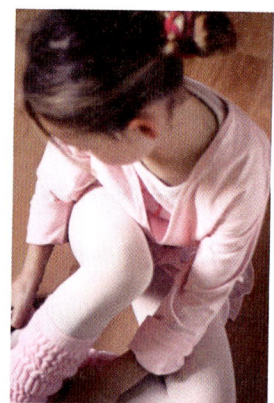

15 Septembre 2007, premiers pas dans le Moderne Jazz...
Cette année, c'est décidé : tu seras une petite ballerine !
Une petite danseuse ne le serait pas sans son collant,
sa jupette, son cache-cœur ou encore ses guêtres.
Alors bien que tu ne sois pas dans le classique,
tu voulais une tenue toute rose. Et oui même à
6 ans, les rêves de princesses et de rose sont
encore et toujours présents chez toi. Cette
tenue, c'est Père Noël qui te l'a apporté
pour ton plus grand plaisir. Et voilà, une
petite danseuse, tout de rose vêtue,
prêtes pour les répétitions du gala
qui aura lieu le 14 juin 2008. Tu
pourras compter sur nous car je
ne manquerai tes premiers pas
sur scène pour rien au monde.
Maman - Mars 2008

Signe particulier

Le journaling... court ou long ?

« Ballerina »
Papiers, die-cut, brad et ruban :
Making Memories • tampon : Kesi'Art
• encre : Colorbox • alphabet :
American Crafts • stickers glue :
Around the block • paillettes :
Maisons du monde • police :
GeosansLight.

« Sisters »
Papiers : SEI et Making Memories •
brad : Making Memories et Basic
Grey • pebble clips, metal signage
et die-cut : Making Memories •
polices : GeosansLight et Susie's
Hand.

Le journaling d'une page peut être introduit de diverses manières. Un texte plus ou moins long racontera une histoire ou une anecdote (page « Ballerina ») alors qu'une simple phrase ou une citation résumeront l'ambiance qui se dégage d'une photo.

L'âme d'un écrivain

Vous manquez d'inspiration pour rédiger vos journalings ? Le mini album vous permettra de relater le plus simplement du monde les péripéties d'une agréable journée. Chacune double page est construite suivant le même schéma : à gauche, une mosaïque de quatre photos significatives et à droite, la photo principale accompagnée de votre texte qui se résumera à la chronologie détaillée des événements. Pour finir, choisissez une police facile à lire et quelques embellissements discrets pour avantager textes et photos !

Mini album « Bon Voyage »

Mini album « Bon Voyage »
Kit : La Malle à Scrap • papiers : Prima et Luxe Designs • chipboards : American Crafts • étiquettes : Jenny Bowlin • boutons : récup' • tampons : Kési'Art.

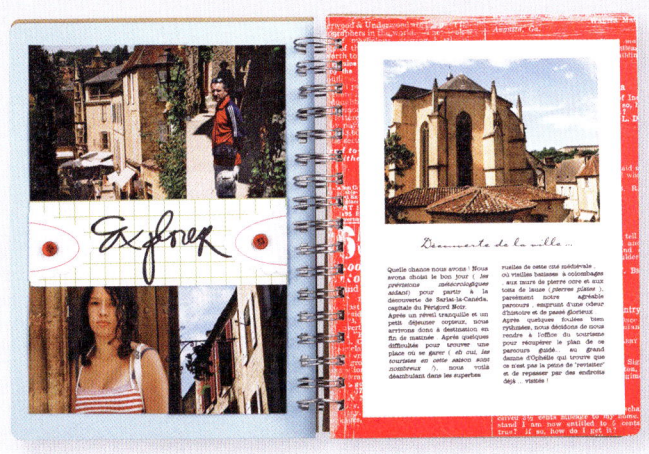

No words needed !

Brothers

S'il arrive qu'une photo raconte une histoire à elle seule, qu'un journaling déséquilibre une mise en page ou que vous êtes tout simplement en manque d'inspiration : laissez parler les embellissements !

Carte

« *Brothers* »
Papiers : Making Memories, Ki Memories et Creative Café • clear die-cut : Making Memories • ice candy : Ki Memories • transfert : American Crafts.

Carte
Papiers : Making Memories, Ki Memories et SEI • étiquette : Making Memories • brad : Gaïa

« *Teen* »
Stickers : 7 Gypsies et American Crafts • fleur en plastique : American Crafts • brad : Doodlebug • transferts : Basic Grey.

be true
do what you love

teen

9
0
2
4
5
8
7

La répétition

Un mot qui se répète dans un texte ou sur une page donne un fort impact visuel à une réalisation en renforçant l'ambiance qui se dégage de la photo.

Ici, rien ne vaut la répétition du mot « encore » pour faire part de l'excitation et de la joie de cet enfant ! Pour donner de l'entrain à votre page, pensez à varier les couleurs et la taille de votre police de caractères.

« Encore »
Papiers : kit Scrapdeco et Bazzill blanc • chipboard lettre E : Heidi Swapp • stickers : Making Memories • polices : American Typewriter et 3 grammes 5.

Encore

Pour réaliser sans difficulté un mini album, jouez sur la répétition d'un design. Celui-ci doit rester simple afin de pouvoir se répéter sur toutes les pages. Inutile de rédiger des textes, choisissez seulement un titre par photo !

Ce mini album est conçu comme un calendrier des anniversaires. Au-dessous de chaque photo figurent le prénom et la date de naissance de l'enfant. Voilà un cadeau tout trouvé pour grand-maman !

Mini album « Collection privée »
Kit Scrapdeco de février, collection 7 Gypsies.

Laissons parler les étiquettes

Présentez votre journaling d'une façon inattendue en utilisant des mini étiquettes spécialement conçues à cet effet. Simples ou sophistiquées, aux tons doux ou acidulés, leur petit format permet de les glisser facilement sur les pages. Décoratives, elles sont aussi utiles pour écrire ou imprimer votre journaling (page « I'm blessed »). Et pourquoi ne pas les présenter telles quelles pour le plus beau des effets (page « You » ?

« I'm blessed »
Cardstock, papiers imprimés et die-cuts : Déjà views • étiquette « journaling » : Making Memories • polices : Avant Garde Book, Fling, GeosansLight et Manie Regular.

« You »
Papiers : My Mind's Eye et K & Company • étiquettes « journaling » et sticker « mot » : Making Memories • transferts : Toga • ruban : 7 Gypsies • polices : Book Antiqua, Century Gothic, Clarendon, GeosansLight et Shelley Script Volante.

I'm blessed

Quelques minutes volées pour une séance photo improvisée ... C'était cet été , juste après notre visite du Gouffre de Padirac. Même si , dans les profondeurs, l'air était plutôt frais, la chaleur étouffante du dehors nous a poussé à une petite pause

4 Août 2008

- la glace pilée
- le cinéma
- les sorties entre copines
- les fringues

- lire
- le bananasplit
- les sacs
- regarder des séries TV

what I love

an extremely young child l a : an extremely young child

YOU

the scoop
• • • •

une jolie
demoiselle
nommée
Ophélie

Ophélie

PLAYGROUND

Du texte sur vos photos

Personnalisez vos créations en imprimant directement le texte sur vos photos! Pour des petits formats tel cet album de poche, vous éviterez ainsi l'utilisation de stickers qui pourraient s'avérer trop imposants. Et pour dynamiser l'ensemble, variez la police de caractères d'une photo à l'autre.

Conçu comme un gri-gri, ce mini album aux tons coordonnés se pare de rubans cousus entre deux épaisseurs de Bazzill. Chaque page peut ainsi être accrochée à un anneau et l'ensemble réuni par un ruban de satin. Si vous souhaitez l'offrir, laissez les pages vierges de photos afin que la personne puisse y glisser ses propres clichés.

Mini album gri-gri
Papier : Making Memories • rubans : Basic Grey • anneaux : magasin de bricolage.

Grand **charmeur**

petite lady

VRAIMENT TROP **CHIPIE**

petit

Tout est dans la présentation

Du choix de la police de caractères à sa mise en place sur votre page, donnez à votre texte toute son importance.

Osez la diversité! Parmi les nombreuses polices déjà enregistrées dans votre ordinateur, vous dénicherez sans peine celles qui mettront votre texte en valeur. Variez leur taille et leur style (italique, gras, etc.) et jouez sur les couleurs. Et pour finir en beauté, les logiciels de traitement de texte vous aideront à mettre votre journaling en page de façon très graphique!

« *Check list* »
Tranfert : Basic Grey • brad : 7 Gypsies • polices : Arial Rounded Mt Bold, Courrier New.

Check list
à D-7 de la rentrée scolaire

A quelques
jours
de
la rentrée
ton cartable
est prêt,
tes nouveaux
tee-shirts
sont
repassés,
tes tables
de multiplications
sont
révisées,
il ne te
reste plus
qu'à trouver
la motivation
pour affronter
cette nouvelle
rentrée
avec le sourire

Check list

listen to your heart

C'est avec des yeux pétillants de malice que tu nous as montré la jolie araignée géante que tu venais de dessiner sur le mur tout juste repeint de la chambre de ton frère.

« C'est avec des yeux pétillants… »
Papiers : Making Memories et Sassafrass Lass • brads : Making Memories et Doodlebug • sticker : 7 Gypsies • police : Baskerville Old Face.

Jeu de caractères

« Gourmandise »
Papiers : American Crafts • sheer letter et tag maker rim • Making Memories • œillet : WR Memories Keepers • brad : American Crafts • ruban : mercerie.

« Clic-clic »
Papiers : Basic Grey • die-cut : Making Memories • tampons : Making memories et Kési'Art • encre : Versamagic • police : GeosansLight.

L'association de différentes polices de caractères sur une même page dynamise la structure d'un texte et permet d'accentuer les mots que l'on souhaite mettre en avant. À l'inverse, si vous n'utilisez qu'une seule police tout en souhaitant booster le texte, pourquoi ne pas changer l'orientation de certains mots ou épaissir leurs caractères ?

ADORABLE
& BORNE
COOPERATION
NULLE
CONCENTRATION
TETU
BOUDEUR
COQUIN
NIVEAU RALEUR
ZERO DROLE
MAIS UN
MAX DE GENTIL
PHOTOS
QUI TE
RESSEMBLENT
A 100%

clic clic

Clic-clic

Les grands formats

Si vous ne possédez pas d'imprimante A 3, voici quelques astuces
pour imprimer votre texte sur un
fond de page de format 30 par 30.

Sur la page «You at 6», le texte
est imprimé sur une bande de
Bazzill de même couleur que le
fond. Cette bande a ensuite été
collée sur un adhésif en mousse
qui lui donne du relief tout en
jouant le ton sur ton.

Page de droite, le fond de page
a été coupé en deux pour permettre d'imprimer le titre et le
journaling sur chacune des parties. Il suffit ensuite de les recol-
ler et de camoufler la jonction
avec des bandes de papier de
différentes couleurs!

You at 6

« You at 6 »
Papier : Making Memories • alphabet
chipboard : American Crafts • photo
anchor : Making Memories • polices :
Century Gothic et Didot.

« On the beach »
Papier : 7 Gypsies • sitckers et photo
anchor : Making Memories • polices :
Onyx, Didot, Century Gothic
et Susie's Hand.

On the Beach

1ère baignade à Pourville le 12/05/08

1 · desired reaction to every day, every minute, every breath

en·joy
(en joi′) v.

explore

Un week end ensoleillé, une plage à marée basse, un sceau, une pelle, tout juste de quoi passer un moment formidable les pieds dans l'eau.

Après 15 bonnes minutes et une certaine résistance à mettre tes petits pieds nus sur le sable mouillé, tu finis pas apprécier cette nouvelle sensation jusqu'à vouloir te baigner tout entier malgré les 13° dans l'eau !

life is good

Quand photo rime avec zoo

Match box
Papiers : My Mind's Eye • ruban : EK Success • tampon : 7 Gypsies • polices : Bodoni XT et Century Gothic.

« Journée au zoo »
Papiers : Cosmo Cricket et My Mind's Eye • sticker : 7 Gypsies • chipboard : Scenic Route • brads et photo anchors : Toga • alphabet en mousse : American Crafts • polices : Carpenter ICG et GeosanLight .

Les sorties au zoo sont l'occasion rêvée de prendre des photos en vue de les «scrapper». Lorsqu'elles sont nombreuses, l'idéal est de les travailler sous forme de mini album (voir « Bon voyage », p. 116).

Si ce type de réalisation ne vous tente pas, voici quelques astuces qui vous permettront de placer plusieurs photos sur une seule et même page. Après les avoir réduites, regroupez-les à la façon d'un négatif (page «Journée au zoo») ou confectionnez une mini «match box» qui sera directement collée sur votre page ou glissée dans une jolie pochette (voir Cahier technique, p. 150).

Match box

DO WHAT YOU **LOVE**

Journée au zoo

Things I love

Malgré une matinée brumeuse et très froide, nous avons passé une superbe journée au zoo de La Flèche. Le soleil , malgré tout, était au rendez-vous ; et comme à cette période de l'année le parc est assez peu fréquenté , nous avons pu déambuler librement dans les différentes allées et profiter au maximum du spectacle offert par les singes, les félins ou encore les oiseaux. L'affluence étant des moindres, nous avons donc assisté aux différents spectacles proposés : celui de l'ours polaire et celui des otaries . De véritables moments de détente !

Zoo de La Flèche - 5 Novembre 2006

Le sport

Grâce aux enfants, le sport est un thème facilement exploitable. N'hésitez pas à mitrailler votre champion en herbe et pensez à conserver diplômes, tickets d'entrées de match ou tout souvenir qui rappellera de grands moments. Intégrez-les directement à la page ou glissez-les dans des pochettes.

« Escalade »
Papiers : Scenic Route • tampon et tag maker rim : Making Memories • brad : American Crafts • stickers : Creative Cafe • polices : GeosansLight et Sakabeanimal.

« Basketball »
Papiers : KI Memories • clip et brad : Making Memories • stickers pebble : Creative Imaginations • police : GeosansLight.

Escalade premier pas »

MEMORIES LIKE THESE ARE TOTALLY priceless.

Lors des vacances de février, je vous ai inscrit à un stage d'escalade, ton frère et toi.

Pendant une semaine, vous allez apprendre à faire des nœuds, assurer quelqu'un et surtout grimper.

Une fois le premier cours terminé, le moniteur vient me voir en demandant si tu as déjà fait de l'escalade? Ma surprise passée, je lui réponds que non et lui demande pourquoi une telle question? ' ' Votre fille a un don pour l'escalade' me dit-il

Oh ! , je savais que tu grimpais bien sur tout ce que tu trouves mais quand même ... quelle surprise!!!

Mais en effet, 1er cours, te voilà en haut du mur n° 1 certes le plus facile mais en haut tout de même, de plus, tu es la seule à l'avoir fait. Prochaine étape, monter sur le mur n° 2, le vertical plat : objectif atteint à 100% au deuxième cours

Tu demandes alors au moniteur si tu peux tenter le mur n°3, celui qui a un décroché, Pascal n'y voit aucun inconvénient mais te dis que ce mur est assez difficile pour un enfant de 6 ans; mais toi, tu t'obstines et après plusieurs tentatives, te voilà en haut de ce mur provoquant la stupeur et l'admiration chez ton moniteur car à son club les enfants de ton âge n'y arrivent pas.

Malheureusement, tu n'iras pas en haut du mur n°4 car trop difficile, tu en seras alors très frustrée et déçue mais pour nous, il n'y a pas de doute, tu es bien notre petit singe décrocheur de lune.

134

BASKETBALL

Cette année, tu as choisi de pratiquer le Basket et je dois dire que malgré des débuts maladroits, tu te débrouilles plutôt bien.

Aussi quand l'école a proposé un tirage au sort afin de gagner une place pour aller voir un match avec l'équipe de Bourges, tu as voulu tenter ta chance.

Nous avons donc rempli le bulletin en t'expliquant qu'une seule place serait offerte alors que votre classe compte 29 enfants.

Quelle ne fut pas notre surprise lorsque ton nom fut sorti de l'urne. Voilà une belle récompense pour un basketteur en herbe.

C'est avec des souvenirs pleins la tête et des étoiles dans les yeux que nous rentrons de cette joyeuse soirée rien que toi et moi.

CAHIER TECHNIQUE

LE JOURNALING

Découpe de lettres

1. Sous WordArt, sélectionnez le style 8 pour créer votre zone de texte.

2. Choisissez une police à caractères larges (Impact, Abadi MT Condensed Extra Bold, etc.) et dans une taille importante afin de faciliter la découpe.

3. Retirez l'effet d'ombre et surlignez votre texte.

4. Allez dans « Mise en page », « Rotation » et « Retourner horizontalement » : cela vous permettra d'imprimer directement votre texte au verso de votre cardstock.

5. Il vous suffit ensuite de découper soigneusement chaque lettre.

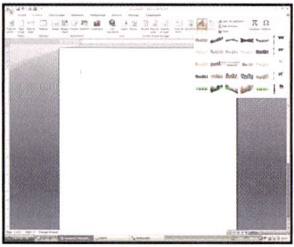

Écrire un texte en blanc

Votre imprimante ne reconnaissant pas le blanc, il vous est impossible d'imprimer un texte blanc sur un cardstock de couleur. Vous devez tout d'abord créer un bloc texte et le coloriser de la couleur du fond choisie. Tapez ensuite votre texte et colorisez-le en blanc. Imprimez le tout sur du cardstock blanc.

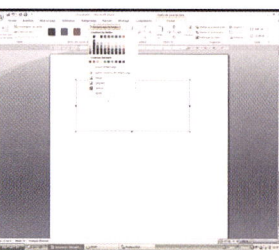

Effet tampon !

Il est fastidieux d'utiliser des tampons alphabétiques pour la réalisation des titres. Sachez qu'il existe de nombreuses polices de caractères (28 Days Later, Adler, Artiststamp, etc.) qui imitent à merveille les effets des tampons.

Vous pouvez également utiliser des «dingbats». Ces séries de symboles qui remplacent l'alphabet sont proposées en de nombreux thèmes.

Créez un bloc texte original

En modifiant simplement l'aspect de votre bloc texte, vous donnerez de l'impact à votre journaling. Jouez avec les différentes textures proposées sur Word (bois, lin...) comme sur l'image 3 ou remplissez-le de motifs que vous pourrez ensuite coloriser à votre guise à l'exemple de l'image 5. Et pourquoi ne pas travailler les contours de votre cadre en jouant sur l'épaisseur ou les motifs (tirets, pointillés, etc.) ?

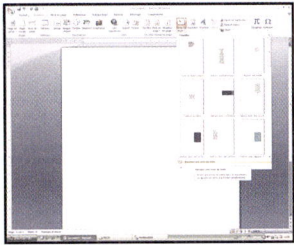
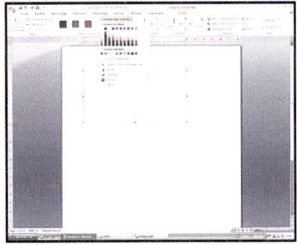
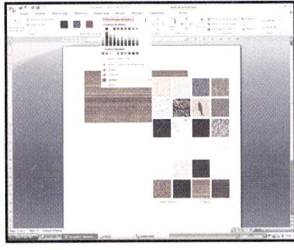
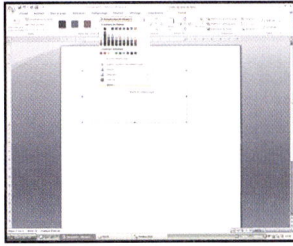
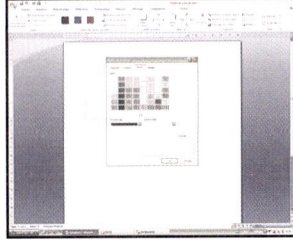

Modifiez l'aspect de vos polices de caractères

De nombreux effets vous sont proposés dans votre boîte de dialogue «Polices». En quelques clics, créez un contour, un relief ou ajoutez une ombre légère sous votre titre. N'hésitez pas à explorer Word qui regorge de solutions pratiques et innovantes pour réaliser un journaling sous toutes les formes !

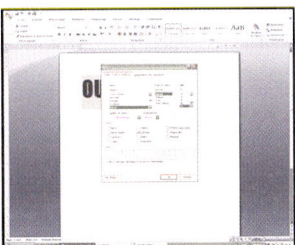

LA COULEUR

En scrapbooking, la couleur est aussi importante que la photo. Véritable reflet des émotions, c'est elle qui donne le ton à votre page en la rendant aussi bien dynamique et acidulée que pleine de douceur. Voici quelques notions qui vous guideront pour associer les couleurs de façon harmonieuse ou contrastée selon votre projet.

Le cercle chromatique

C'est une représentation circulaire des couleurs. Celles-ci y sont ordonnées comme au sein d'un arc-en-ciel et réparties en degrés : primaires, secondaires et tertiaires.

Les couleurs secondaires

Elles sont obtenues en mélangeant deux couleurs primaires à parts égales. Également au nombre de trois, elles alternent avec les couleurs primaires sur le cercle. Il s'agit de l'orange, du violet et du vert.

Les couleurs primaires

Ce sont les couleurs fondamentales – ou de base – qui ne peuvent être obtenues par mélange. Elles sont au nombre de trois : le magenta (rouge), le cyan (bleu) et le jaune. Sur le cercle chromatique, elles sont situées à 120° les unes des autres, formant un triangle.

Les couleurs tertiaires

Elles sont issues du mélange à parts égales d'une couleur primaire avec une couleur secondaire. Ces teintes toutes en nuances s'harmonisent à merveille avec les couleurs primaires et secondaires.

Les couleurs complémentaires

Ces couleurs sont diamétralement opposées sur le cercle chromatique et donnent les effets de contrastes les plus forts. La complémentaire d'une primaire résulte du mélange à parts égales des deux autres primaires. La complémentaire du rouge est le vert, celle du bleu est l'orange et celle du jaune est le violet. Si vous placez un carré rouge sur un fond vert, par exemple, le rouge apparaîtra plus vif et inversement.

Deux complémentaires mélangées se neutralisent. Cela permet de créer des tons neutres et rompus dans la gamme des bruns et des gris. Les gris obtenus de cette façon sont beaucoup plus colorés que les mélanges de blanc et de noir.

Retrouvez un exemple d'utilisation des complémentaires dans le mini album « Clémentine, 4 ans », p. 13.

Les couleurs triadiques

Il s'agit d'une association de trois couleurs situées à égale distance les uns des autres sur le cercle chromatique, formant ainsi un triangle équilatéral. Cette association contrastée réunit des teintes chaudes et des teintes froides qui se coordonnent harmonieusement et donnent beaucoup de vie à un projet.

Les tons chauds et les tons froids

Les couleurs se répartissent en deux catégories : les tons chauds et les tons froids qui divisent le cercle chromatique en deux.
Les tons chauds sont issus des rouges, des orangés et des jaunes. Ils expriment la chaleur, l'énergie et le dynamisme (voir « Cocotte », p. 10).

Les tons froids sont issus des bleus, des verts et des violets. Ils expriment la fraîcheur, la douceur et le rêve.

La monochromie

Jouer avec les variations d'une seule couleur donne des effets très intéressants. Ainsi déclinée en camaïeu, la teinte choisie se retrouvera sur l'ensemble de votre page en en renforçant l'unité (voir « So very you » et « Happy » pp. 14-15).

LE BRUSH

Le brush est une forme définie d'outil informatique à l'exemple du pinceau, du crayon ou de la gomme. Il sert généralement à créer des fonds ou des effets sur une image lors de son traitement avec un logiciel.

Où trouver des brushs ?

Les brushs se trouvent facilement sur le Net. Selon les sites, vous pourrez les télécharger gratuitement ou moyennant finance. En voici quelques exemples :
• http://www.twopeasinabucket.com
• http://www.brusheezy.com
• http://www.obsidiandawn.com/

Comment installer un brush ?

1. Téléchargez le brush de votre choix sur votre ordinateur.
2. Ouvrez votre logiciel de retouche (ici Photoshop) ainsi que la photo ou le fichier sur lequel vous souhaitez appliquer le brush.
3. Dans le menu « Outils » sur la gauche, sélectionnez le pinceau.
4. Dans la barre de menu en haut, cliquez sur « Forme » pour faire apparaître le menu déroulant. Cliquez ensuite sur « Charger les formes ».

5. Sélectionnez le brush que vous venez de télécharger et ajoutez-le à la liste des formes de pinceaux en cliquant sur « Charger ».
6. Le brush est chargé, prêt à être utilisé.

 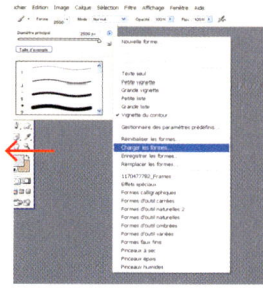

Le brush cadre

Appliqué directement sur la photo, il lui apportera une note à la fois chic et ludique.

Ici, le cadre fantaisie est appliqué suivant la technique expliquée auparavant.
La cadrage de la photo étant très serré, le brush est posé extérieurement aux bords. Cette astuce permet d'ouvrir l'espace de la photo sans altérer l'image.

Matériel
Snapshot Frames Brush Kit de Rhonna Farrer.

Pensez toujours à « enregistrer sous » votre travail afin de garder l'original intact !

Matériel
Snap Shots Elements de Rhonna Farrer

Pour un cadre plus classique, il n'est pas utile de poser le brush à l'extérieur de la photo, même si le cadrage est serré.

Le brush texture

Ce type de brush sera de préférence utilisé en fond de page afin d'en briser l'uniformité.

  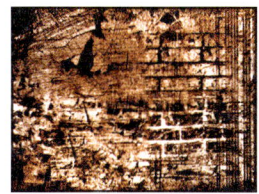 

Dans ces exemples, le brush est appliqué sur une photo pour en transformer l'aspect tout en lui apportant matière et texture. Suivant la texture choisie, vous pouvez métamorphoser un cliché récent en une antiquité.

Sur cette carte, une texture de ponçage est appliquée en arrière-plan du texte, offrant ainsi de la profondeur au bloc texte.

Matériel
Papiers : Bazzill, Making Memories et KI Memories • brushs : Altered Thoughts by Sande Krieger et Vintage.

Le brush ornement

Un brush d'ornement peut se présenter sous différentes formes : végétale, graphique, design, déco, etc.
Ce type de brush est très pratique pour créer un motif en fond de page, un tag ou tout simplement en guise d'ornement à l'égal des effets d'un tampon.
Pour créer vos propres compositions, n'hésitez pas à mélanger différents brushs.

Vous pouvez ainsi transformer un papier uni en un papier imprimé personnalisé.

LE GLITTER

Le glitter est une poudre composée de paillettes très fines. Existant en une large gamme de coloris, il peut être appliqué sur de nombreux supports selon différentes techniques.

Le glitter et le tampon

Dans un premier temps, procurez-vous une colle spéciale tampon destinée à coller les paillettes. La Glue Pad, par exemple, est parfaite pour cette utilisation.

1. Encollez la totalité du tampon de Glue Pad, puis appliquez-le sur le papier.
Choisissez de préférence un papier dans les mêmes tons que votre poudre, voire un peu plus clair, les motifs du dessin seront nettement plus visibles. Ou bien, choisissez une couleur de glitter plus foncée que celle du papier.

 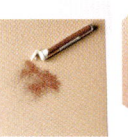 

2. Saupoudrez le glitter sur la totalité du motif tamponné, puis retirez l'excédent en secouant légèrement le papier.
Ici, la fleur a été tamponnée selon le procédé décrit ci-contre, puis découpée et collée sur des adhésifs en mousse pour jouer sur le relief et le ton sur ton.

Matériel
Papiers : Heidi Grace • glitter brun clair : Vaessen-creative • diamants : Doddlebug • tampon : Stampin'Up.

Le glitter sur chipboard

Pour une bonne application de la colle sur l'ensemble du support, il est préférable d'utiliser de la colle en bombe.

1. Si votre chipboard est brut, il est conseillé d'appliquer au préalable une couche de peinture de la couleur du glitter choisi.

2. Une fois la peinture sèche, vaporisez la colle sur toute la surface du chipboard et saupoudrez immédiatement de glitter. Secouez pour retirer l'excédent.

Matériel
Chipboard : Heidi Swapp • coloboard stickers : Making Memories • tampon : Stampin'Up • glitter argenté à grosses paillettes • police : Didot.

Le glitter et pochoir

1. Confectionnez un pochoir dans un papier cartonné de type Bazzill.

2. Fixez-le sur le papier et vaporisez de la colle en bombe en veillant à bien protéger le papier tout autour avec du papier brouillon, par exemple.

3. Retirez le pochoir et saupoudrez immédiatement de glitter. Secouez pour enlever l'excédent.

Pour votre pochoir, préférez des formes simples comme des cercles, des cœurs, ou des carrés. Aidez-vous d'une perforatrice ou d'un colozzule pour gagner du temps.

Ici, un pochoir comprenant trois cercles a été réalisé à partir d'un colozzule à cercles.

Matériel
Stickers : Making Memories • diamant : Doodlebug • tampon : Stampin'Up • glitter argneté à grosses paillettes.

Dans cet exemple, différentes formes ont été découpées dans un carton à l'aide de perforatrices, puis recouvertes de glitter. Pour leur donner du relief, elles ont été collées sur des adhésifs en mousse.

Matériel
Papiers : Pebbles Inc • punch : Marvy Uchida • glitter : Doodlebug.

Le glitter et les autres techniques d'application

Le glitter peut également être appliqué à partir de colle en stylo. Cette technique est intéressante pour rehausser un détail sur un motif tamponné ou encore pour recouvrir votre écriture de paillettes.

Certains fabricants proposent des adhésifs en forme de motifs, spécialement conçus pour l'application de glitter. Posez-les comme des transferts, puis saupoudrez le glitter au niveau de l'adhésif.

Pour orner des motifs très fins, optez pour des paillettes ultrafines, mieux adaptées au tampon ou au stylo. Pour recouvrir un chipbaord ou pour une application au pochoir, leur taille importe peu. Néanmoins, les grosses paillettes apporteront plus de brillance. Il existe également du glitter sous forme de gel dont le rendu présente plus de relief, mais il est beaucoup moins précis et souvent moins concentré en paillettes.

RÉALISER UN MINI ALBUM

Confectionnez un mini album à couverture rigide est à la portée de tous. Avec du carton fort, du papier et de l'adhésif très résistant, le tour est joué !

1. Découpez deux carrés de 10 cm de côté dans du carton fort (épaisseur 2 mm). Dans le papier choisi pour votre couverture, découpez deux carrés un peu plus grands de 15 cm de côté.

2. Collez chaque carton sur l'envers d'un carré de papier en le centrant bien. Rabattez les angles du papier sur le carton, puis repliez les bords. Utilisez un adhésif très fort pour les fixer.

3. Pour l'intérieur de l'album en accordéon, découpez dans une feuille de Bazzill trois bandes de papier de 9,5 x 28,5 cm.

4. Collez ces trois bandes ensemble de façon à obtenir une longue bande comportant sept carrés. Si vous souhaitez remplir le mini album au recto et au verso des pages, conservez le septième carré, sinon coupez-le : l'accordéon n'en sera que plus joli.

5. Pour finir, collez les extrémités de la bande sur les couvertures. Si vous souhaitez ajouter un ruban pour fermer votre mini album, insérez-le entre la bande et la couverture avant de les assembler.

De nombreuses variantes sont possibles. Pourquoi ne pas relier les deux plats de la couverture par un anneau ou fermer l'ensemble par un joli nœud ?

Si vous préférez le raffinement d'une couverture comportant un dos à l'exemple des livres cartonnés, il vous suffit d'ajouter une bande de carton rigide centrale en suivant le modèle ci-dessous.

Ajoutez deux œillets sur le dos de l'album et reliez vos pages avec un ruban ou encore avec du fil épais.

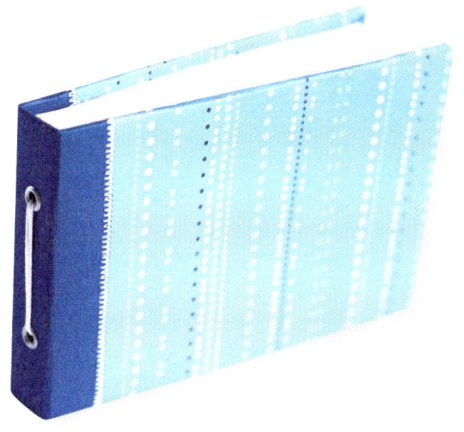

IMPRIMER SUR DU TISSU

La technique d'impression sur du tissu n'est pas très éloignée de celle utilisée pour imprimer sur du papier.

1. La préparation du support

Avant d'imprimer sur de la toile à broder ou sur du tissu, vous devez vous assurer que ceux-ci ne s'effilocheront pas. Le mieux est de surfiler votre pièce de tissu à l'aide d'une couture réalisée à la machine. À défaut de machine, vous pouvez utiliser de la colle spéciale pour textile que vous appliquerez sur tout le pourtour. Repassez ensuite votre pièce à température modérée.

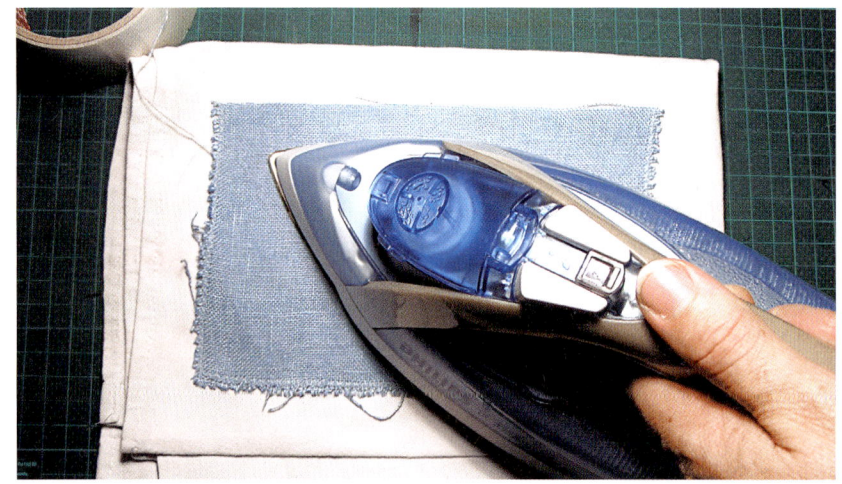

2. L'impression sur le papier

Une fois votre bloc texte, titre ou journaling rédigé, imprimez-le sur une feuille de papier blanc en choisissant, par souci d'économie, le mode «brouillon» sur votre imprimante. Allez dans «imprimer / propriétés / mode rapide / économique» et imprimez en niveaux de gris.

3. La fixation de la toile sur le papier

Placez votre pièce de tissu sur le papier que vous venez d'imprimer en la positionnant pour juger de l'endroit exact où vous souhaitez imprimer sur le tissu. Retirez-la, puis fixez des bandes d'adhésif double-face au dos du tissu.
Fixez ensuite votre tissu sur le papier à l'endroit souhaité en le tendant bien pour que l'assemblage puisse passer sans encombre dans le rouleau de l'imprimante.

4. L'impression sur le tissu

Introduisez l'assemblage papier/tissu dans le bac de l'imprimante. Sélectionnez cette fois-ci le mode «Normal / Standard» et lancez l'impression. Attendez que l'encre soit sèche et retirez délicatement le tissu du papier : votre tissu personnalisé est prêt à être collé sur votre page!

RÉALISER UNE MATCHBOX

Un mini album « matchbox » (qui signifie boîte d'allumettes) est simple et rapide à réaliser, à l'exemple de celui p. 132. Ce type de réalisation ne nécessitant pas beaucoup de papier, profitez-en pour utiliser vos chutes en les accordant ainsi à votre page.

1. La couverture

Dans du papier imprimé suffisamment épais, tracez et découpez un rectangle de 18,5 x 8,5 cm. Sur les deux bords les plus longs, marquez au crayon des repères à 7,5 cm, 8 cm, 15 cm et 17 cm.
À l'aide de votre règle et d'un plioir (ou d'un stylet pour embossage), tracez trois lignes imaginaires dans la largeur de la bande en reliant les repères. Exercez une pression suffisante pour marquer le papier.
Formez les plis correspondant au dos de la couverture et à son rabat en vous aidant d'une règle ou d'un plioir.
Votre couverture est prête !

Matériel
Cardstock, chutes de papiers imprimés, 2 brads, ruban (ou ficelle) et embellissements de votre choix. Règle, crayon-mine, gomme, plioir, cutter, objet pointu pour percer, machine à coudre, fil, encre noire, chiffon, pastilles adhésives double-face, colle.

2. Les pages intérieures

Dans du cardstock, tracez et découpez un rectangle de 30,5 x 7,5 cm. Sur les deux bords les plus longs, marquez au crayon des repères à 7,5 cm, 15 cm et 22,5 cm pour diviser la bande en quatre carrés. Le dernier un peu plus long (8 cm) servira à fixer l'ensemble sous le rabat.

Pliez la bande en accordéon au niveau des repères.
Posez votre couverture sur le plan de travail, rabat à droite. Posez l'accordéon de papier le long du pli du dos de la couverture, sur la gauche. La marge dépassant de 0,5 cm de l'accordéon doit se situer sur la droite et se placer sous le rabat de la couverture.

3. Montage de l'album

Repliez le rabat de la couverture sur la marge de l'accordéon et percez deux trous à 2 cm du haut et du bas à l'aide d'un objet pointu. Veillez bien à percer en même temps le rabat et la marge de l'accordéon. Glissez un brad dans chacun des trous pour maintenir l'ensemble. Votre mini matchbox est terminée.

4. Décoration du mini album

Pour décorer votre mini album avec des embellissements, le choix est vaste : couture, tampons, stickers, rubans, étiquettes ou boutons ! Une fois fixé, le mini album vous permettra d'insérer les photos que vous n'avez pas pu inclure dans votre page de scrap.

FABRIQUER UNE BOÎTE DE RANGEMENT

Quoi de plus pratique et de plus esthétique qu'une boîte de rangement confectionnée sur mesure pour ranger soigneusement votre mini album ? Cet écrin assorti aux tons de l'album constituera un emballage original et personnalisé si vous souhaitez offrir l'ensemble en cadeau !

1. La décoration de la boîte

Dans un premier temps, pensez à décorer votre boîte avant de la monter. Il est toujours plus aisé de travailler et de coller sur une surface plane.

Ici, le texte du titre de l'étiquette est imprimé sur un morceau de cardstock et une couture à la machine vient en agrémenter le pourtour.

Matériel
Cardstock, papiers imprimés, embellissements et polices de caractères : voir p. 8.
Fil ou ficelle de coton, règle, crayon-mine, gomme, outil pour percer, cutter, machine à coudre, pastilles adhésives double-face, colle, Velcro.

2. Le montage de la boîte

Reproduisez le gabarit ci-contre à la taille souhaitée sur du cardstock ou du papier à motifs suffisamment rigide et découpez-le.

Fixez votre étiquette «titre» sur le devant de la boîte avec de la colle ou de l'adhésif double-face. Si vous souhaitez glisser une étiquette ou deux sur le côté de la boîte en guise d'embellissements (voir p. 8), c'est le moment de percer les trous. Marquez les plis à l'aide d'un plioir et montez votre boîte en commençant par coller la base (petits carrés), puis les deux côtés.

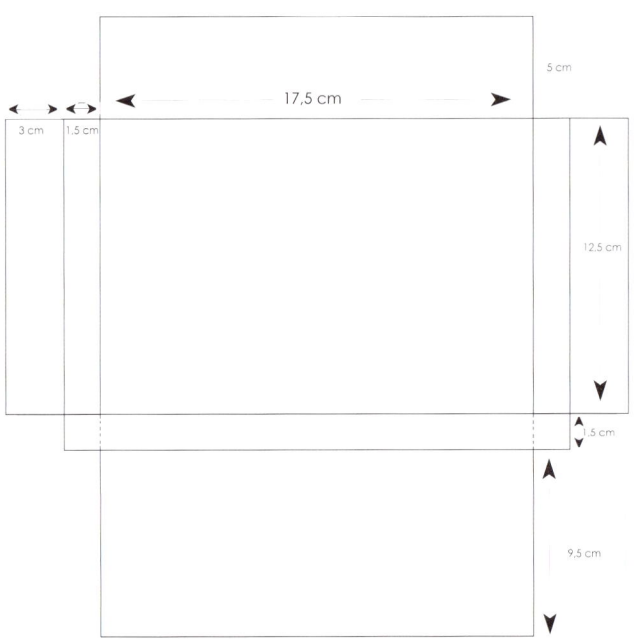

3. Les finitions

Arrondissez les angles du rabat et fixez des morceaux de Velcro pour le système de fermeture.

Et pourquoi ne pas réserver votre boîte à un autre usage ? De format plus grand, elle sera idéale pour ranger vos photographies !

TRUCS ET ASTUCES

Les bordures

• Si vous souhaitez recouvrir l'ensemble de la surface des pages d'un mini album à spirales, votre bordure doit être très soignée. Utilisez à cet effet une perforatrice à bordures en version ronde ou carrée. Elle vous garantira un résultat impeccable.

• Pour créer une bordure originale, pourquoi ne pas découper du papier à dentelle à l'exemple du mini album « Friends » p. 44 ?

• Pour réaliser une bordure dentelée (carte « Bienvenue », p. 107), rien de plus simple ! Tracez un cercle au dos de votre papier et découpez son contour à l'aide de ciseaux à motifs fantaisie.

Les brads

• Pour un journaling sous forme de liste, utilisez des brads pour marquer les puces ! Pour que ceux-ci soient parfaitement alignés, imprimez tout d'abord votre liste avec des puces, puis ajoutez un brad sur chacune d'elles.

Les découpes aux ciseaux et au cutter

• Pour découper des lettres, utilisez de préférence des ciseaux de couturière dont les bouts arrondis vous faciliteront la tâche. Partez toujours de l'extérieur vers l'intérieur en suivant les contours. Pour les retouches et un fini parfait, servez-vous d'un cutter à lame fine.

• Pour une efficacité maximum, pensez à changer régulièrement la lame de votre cutter ou de votre massicot.

Les perforatrices

• Votre perforatrice montre des signes de faiblesse ? En frottant ses contours de découpe avec du papier de verre fin, vous lui offrirez une seconde vie !

• Donnez du relief à votre projet en rehaussant des découpes de façon aléatoire à l'aide de pastilles en mousse 3D. Dans « Summer 2008 » p. 64, une envolée de fleurs découpées apportent volume et mouvement à l'ensemble.

Les stickers

• Il vous manque certaines lettres sur votre planche de stickers ? En les faisant simplement pivoter, vous pouvez transformer un « u » en « n » ou un « p » en « d » (voir « le Roi des Blagues », p. 22). En les découpant, changez un « m » en « n » ou un « q » en « o », par exemple. De la même façon, les guillemets peuvent servir d'accents.

• Utilisez de préférence la pointe d'un cutter pour retirer un sticker d'une planche. Cela vous évitera de le corner.

• Des stickers alphabétiques super-posés à des phrases créeront un titre original à l'exemple de cette pochette CD (voir p. 42).

Impression de documents

• Vos cartouches d'encre dureront beaucoup plus longtemps si vous choisissez le mode « brouillon » pour imprimer des pages de tests.

• Pensez à modifier les paramètres d'impression de votre impri-mante selon le type de document que vous souhaitez imprimer. Choisissez l'option « papier » ou « photo », par exemple, mais aussi le format du papier : nul besoin d'utiliser une page A4 pour impri-mer un document de 10 x 10 cm.

Les transferts

• Vous souhaitez qu'un mot soit parfaitement centré dans un espace imparti ? Découpez chacune de ses lettres, puis commencez par poser celle du milieu. Continuez en posant les autres de chaque côté jusqu'à former le mot complet.

• Vous avez commis une erreur en fixant votre transfert ? Pour le retirer, tapotez-le délicatement à l'aide de ruban adhésif transparent.

BOÎTE À BONBONS ET PAPILLONS

Boîte à bonbons

1. Découpez dans du Bazzill un rectangle de 24,5 x 30,5 cm.

2. Tracez tous les repères suivant les indications de patron.

3. Marquez les plis de la boîte (pointillés) à l'aide du dos de la lame du cutter.

4. Encollez le rabat de 0,5 cm et refermez la boîte.

5. Pour fermer la boîte, exercez une légère torsion sur chacun des côtés.

6. Décorez la boîte selon vos envies.

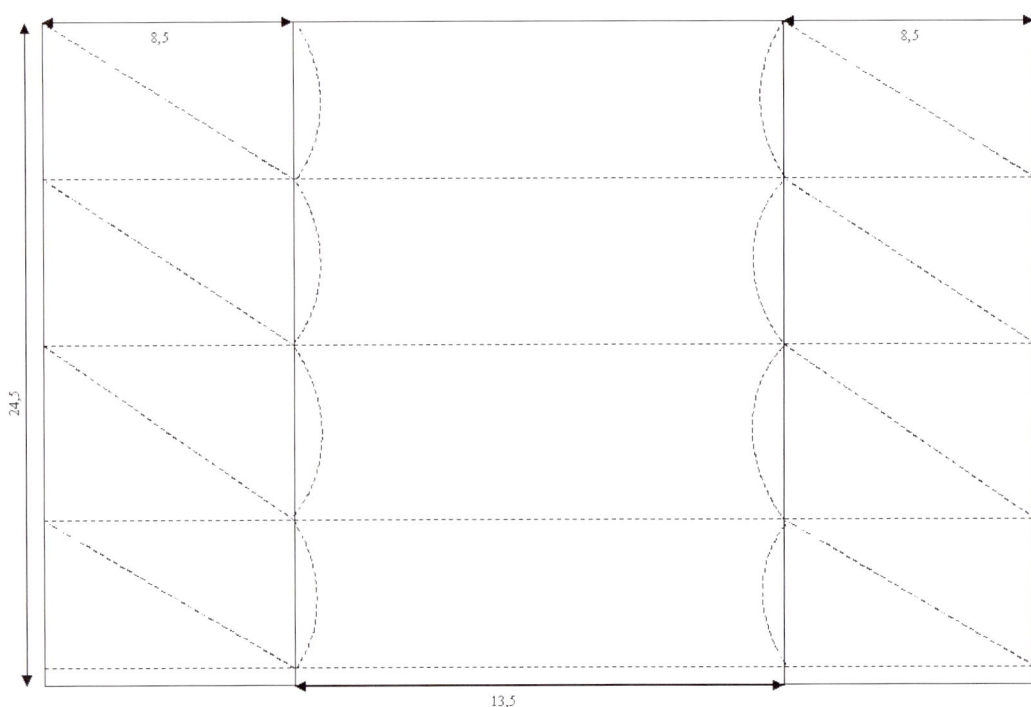

Patrons des papillons de la page 74

Ces patrons de papillons vous permettront d'orner des cartes, des couvertures de mini albums ou de simples pages.

Décalquez-les sur le papier de votre choix et découpez-les. Fixez-les à leur support par une couture centrale ou un point de colle.

Pour augmenter l'effet de profondeur, n'hésitez pas à en superposer deux de taille différente.

Ces papillons pourront également vous servir de pochoirs pour l'embossage à sec ou à chaud, ou encore de patron que vous pourrez coudre directement sur votre page. L'effet de broderie ainsi obtenu apportera du relief.

Le matériel de scrap et les objets qui vous entourent peuvent aussi servir de gabarits.

Vous pouvez également tracer les contours de vos chipboards préférés pour les reproduire à votre guise, sous toutes les formes et autant de fois que vous le souhaiterez.

LES ENVELOPPES

Réalisez vos propres enveloppes et personnalisez-les à votre guise en choisissant une couleur et un format assortis à votre projet !

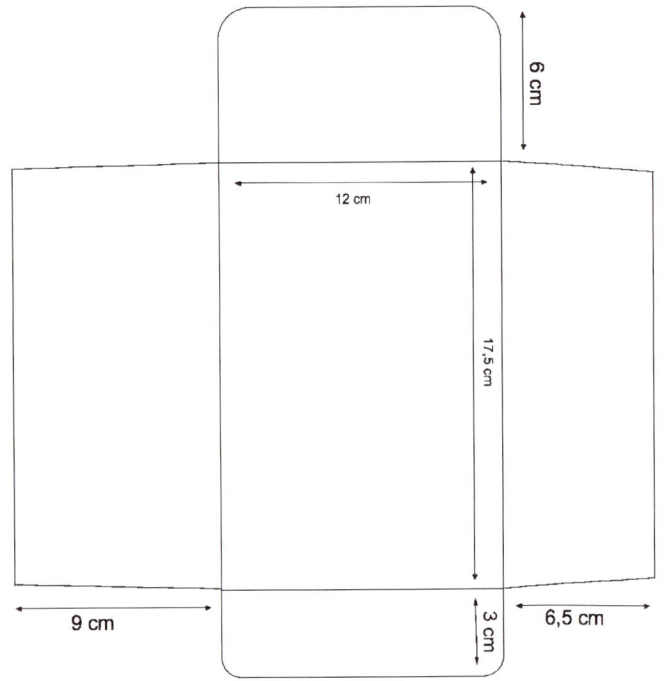

Patron de l'enveloppe « - 2 dents », page 101

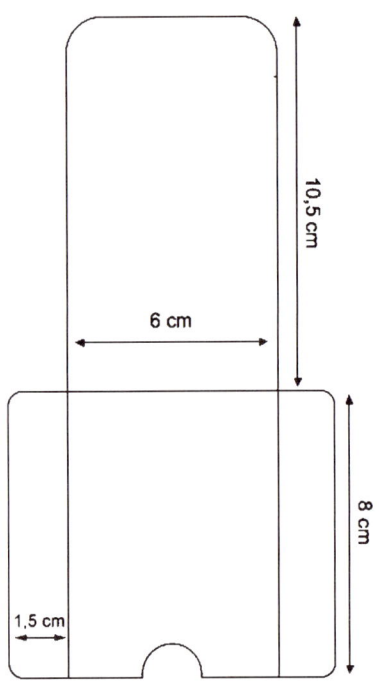

Patron de l'enveloppe « Petshop », page 100

Si vous utilisez un cardstock uni, pourquoi ne pas y imprimer du texte ? Afin que celui-ci soit bien positionné, imprimez-le après la découpe des enveloppes.

Si vous préférez miser sur les motifs, sachez qu'il existe des papiers comportant une face unie et l'autre fantaisie.

Astuce !
Pour une touche plus déco, utilisez des ciseaux à motifs fantaisie pour découper le rabat de l'enveloppe et arrondissez ses angles.

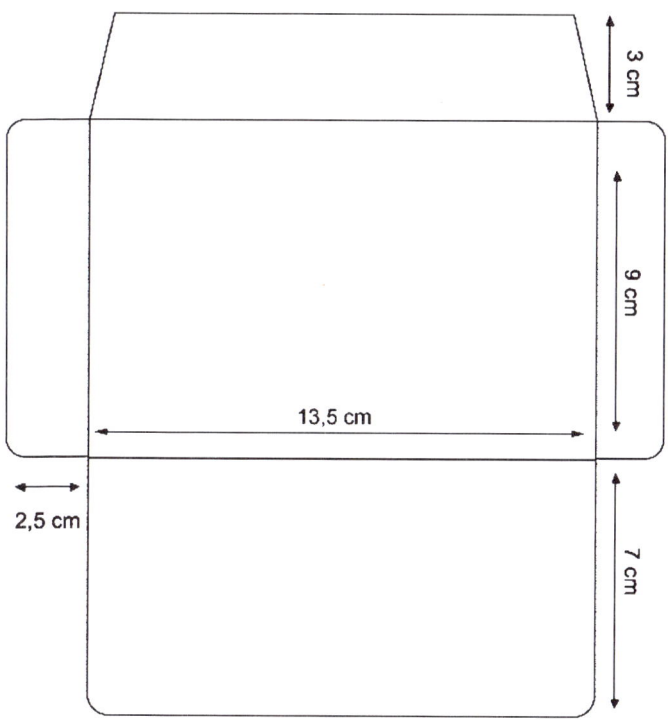

3 cm

9 cm

13,5 cm

7 cm

2,5 cm

Différents patrons d'enveloppes

Fabriquer vos enveloppes va vous permettre de travailler avec de grands morceaux de papiers imprimés que vous auriez tendance à accumuler ou à utiliser avec parcimonie.

Les enveloppes sont des mines d'idées ! Elles peuvent, par exemple, servir de cartes pour des occasions particulières. De formats différents, elles viendront briser l'uniformité d'un mini album en apportant une touche d'originalité... Et pourquoi ne pas concevoir un mini album que vous réaliserez uniquement à partir d'enveloppes ?

Astuce !

Ajoutez une touche de matière à vos enveloppes avec une ligne de couture. Cette dernière sera réalisée avant de plier et de coller l'ensemble.

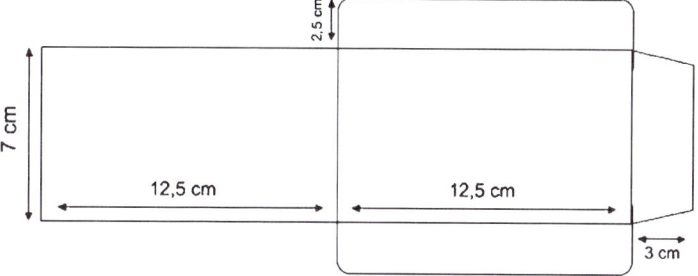

2,5 cm

7 cm

12,5 cm

12,5 cm

3 cm

Les dimensions de ces patrons vous sont données à titre d'exemple. Libre à vous de les changer tout en gardant les mêmes proportions.
Pensez à utiliser des adhésifs suffisamment résistants pour coller les bords.

Autour du Scrapbooking, aux éditions Fleurus

Collection Savoir créer

Scrapbooking, mettez en scène vos photos
Martine Carlier & Marie-Sophie Simon

Nouvelles techniques de Scrapbooking
Martine Carlier & Marie-Sophie Simon

Albums et carnets en Scrap
Emma Rehri & Noémie Sichel-Dulong

Cartes créatives en Scrap
Emma Rehri & Noémie Sichel-Dulong

Scrap Déco
Emma Rehri

Le Grand Livre de Scrapbooking
Louise Riddell

Scrapbooking créatif
Collectif

Atout Cartes
Florence Le Maux

Le Grand Livre du cartonnage
Laurence Anquetin

Collection Les Cahiers de Scrap

Mariage
Marie Enderlen-Debuisson

Naissance
Marie-Noëlle Derez

Anniversaires d'enfants
Isabelle Schwartz

École
Marie Enderlen-Debuisson

Vacances à la mer
Marie Enderlen-Debuisson

Noël
Marie-Noëlle Derez

Animaux de compagnie
Marie Enderlen-Debuisson

Fêtes au fil de l'année
Emma Rehri

Quand j'étais petit...
Collectif